VIE
VERTUS
ET
MORT

DE

M. JEAN-MARIE ALADEL

Prêtre de la Congrégation de la Mission.

In memoria æterna erit justus.
La mémoire du juste est éternelle.
—(Ps. CXI, 7.)

PARIS

JULES LE CLERE ET Cie
IMPRIMEUR DE N. S. P. LE PAPE ET DE L'ARCHEVÊCHÉ DE PARIS
RUE CASSETTE, 29.

1873

VIE

VERTUS ET MORT

DE M. JEAN-MARIE ALADEL

PARIS. — IMP. JULES LE CLERE ET Cie, RUE CASSETTE, 29.

Mr Jean Marie ALADEL.
Prêtre assistant de la Congrégation de la Mission.

VIE
VERTUS
ET
MORT
DE

M. JEAN-MARIE ALADEL

Prêtre de la Congrégation de la Mission.

In memoria æterna erit justus.
La mémoire du juste est éternelle.
(PSAL. CXI, 7.)

PARIS

JULES LE CLERE ET Cie

IMPRIMEUR DE N. S. P. LE PAPE ET DE L'ARCHEVÊCHÉ DE PARIS

RUE CASSETTE, 29.

1873

AVANT-PROPOS

Le Roi-Prophète, pressé du besoin d'exalter le nom de Dieu et de se mêler au concert des Saints célébrant ses louanges, jette, comme en passant, ce cri inspiré qui est la définition la plus vraie, la plus profonde et la plus chrétienne de notre existence sur cette terre : *Et vita in voluntate ejus* (1); c'est-à-dire que la vie du Chrétien consiste dans *l'accomplissement de la volonté divine*. Le Sauveur Jésus, notre règle et notre modèle, l'a suffisamment démontré par tous les actes de sa vie mortelle et

(1) *Psalm.* XXIX, 6.

par ces mots qui expliquent ceux de David : *Ma nourriture est de faire la volonté de celui qui m'a envoyé* (1). Telle est la discipline du Maître ou la méthode proposée au disciple (2). L'on doit donc tirer aussi cette conséquence que la mort se trouve dans l'opposition ou la contravention à la même volonté supérieure : et telle est en effet la définition du *péché*, qui a *introduit la mort* dans le monde (3).

Cette loi spirituelle est tellement invariable et absolue, qu'il suffit de suivre sa volonté propre, viciée par la faute originelle, pour s'opposer non-seulement à celle de Dieu, mais pour entrer directement en lutte avec lui, et, dans cette révolte, substituer, superposer notre domination à la sienne, ce qui a fait dire à S. Bernard : « La volonté propre supprime ou anéantit Dieu autant qu'elle en a le pouvoir (4). » Là est la dernière limite du mal, et c'est pour-

---

(1) *Joann.* iv, 34.
(2) Tene disciplinam,..... custodi illam.... quia ipsa est vita tua. (*Prov.* iv, 13.)
(3) *Rom.* v, 12.
(4) Quantum in se ipsa est, Deum perimit propria voluntas. (*De dilig. Deo.* Ed. Migne, t. I, p. 985.)

quoi le même Docteur affirme que « l'enfer ou le châtiment du péché n'aurait plus sa raison d'être, si la volonté propre venait à cesser (1). »

Maintenant il est aisé de comprendre que les justes ou les Saints sont tous ceux qui ont travaillé plus ou moins énergiquement et constamment à réprimer les instincts et les mouvements de la volonté propre, pour l'identifier et la confondre avec la volonté divine. Voilà ce qui établit d'abord en eux le règne intérieur de Dieu (2), et leur assure au dedans comme au dehors cette paix inexprimable, annoncée aux hommes de *bonne volonté* (3).

Aussi, nous proposant de recueillir et de mettre en ordre les souvenirs des actes et des vertus de notre respectable Confrère, M. Aladel, pouvons-nous résumer d'une manière générale sa biographie en ces mêmes mots déjà cités de la sainte Écriture : « *Toute sa vie* n'a été que la pratique de la *volonté de Dieu, Et vita in vo-*

(1) Cesset propria voluntas et infernus non erit. (III Serm. *de Resurrect.*, ibid. t. II, p. 290.)
(2) Ecce enim regnum Dei intra vos est. (*Luc.* XVII, 21.)
(3) *Philipp.* IV, 7.

luntate ejus. » Il eût pu s'approprier cette devise dont l'explication nous est donnée par S. Paul disant aux habitants de Philippes : « *Du reste, mes frères, entendez par là tout ce qui est vrai, pudique, juste, saint, aimable, bien famé; s'il est quelque vertu ou quelque façon d'agir louable, figurez-vous aussi tout cela* (1). »

L'Apôtre S. Paul écrivait aux Colossiens : « *Vous êtes morts, et votre vie est cachée en Dieu avec Jésus-Christ* (2). » Il semble que ces belles paroles expriment très-bien le caractère propre de la vie humble et modeste du Missionnaire, dont nous allons retracer la conduite et les vertus. Le monde recherche de préférence, dans la vie des hommes, ce qui brille au dehors, étonne et éblouit, fermant ainsi les yeux sur les existences humbles et sur les vertus secrètes. Mais la foi découvre le vrai mérite où il est réellement; elle sait distinguer et apprécier les

---

(1) De cætero, fratres, quæcumque sunt vera, quæcumque pudica, quæcumque justa, quæcumque sancta, quæcumque amabilia, quæcumque bonæ famæ, si qua virtus, si qua laus disciplinæ, hæc cogitate. (*Philipp.* IV, 8.)

(2) Mortui enim estis et vita vestra est abscondita cum Christo in Deo. (*Coloss.* III, 3.)

âmes simples et fortes, dont les actes demeurent comme les leçons d'un enseignement. Selon l'esprit de l'Évangile et de Saint-Vincent, la perfection consiste moins dans l'éclat des bonnes œuvres, que dans leur simplicité et leur continuité. La vertu n'est pas le travail d'un jour ni un accident heureux : sa grandeur, comme son mérite, provient surtout de l'oubli de soi et de la persévérance. Aller droit à Dieu, ne chercher que sa gloire et son bon plaisir, rester le constant observateur de la règle et du devoir, suivre avec fidélité et jusqu'au terme la voie de l'obéissance ; tels sont certainement les signes caractéristiques d'une âme fortement trempée. Mais que doit-on penser et dire, si cette même âme reprend chaque jour, sans relâche ni faiblesse, le pénible labeur de la lutte contre elle-même et contre les obstacles extérieurs ; si elle puise, dans le sacrifice de la veille, la force d'accomplir celui du lendemain ; si elle consomme, dans l'obscurité et le silence, l'immolation lente et continue des sens à l'esprit, de la raison à la foi, de son bien propre au bien général, de l'amour de soi-même à l'amour de Dieu et du prochain ! Véritablement alors, une *mort* continuelle la fait vivre de la *vie cachée en Dieu avec Notre-Seigneur Jésus-Christ*. Or telle fut l'existence de M. Aladel, si pleine de bonnes œuvres et de mérites, comme le lecteur en jugera.

LA VIE

DE

MONSIEUR JEAN-MARIE ALADEL

Prêtre de la Congrégation de la Mission.

VIE
DE
MONSIEUR JEAN-MARIE ALADEL

CHAPITRE Ier.

SA NAISSANCE, SA PREMIÈRE ÉDUCATION, SA VOCATION
A L'ÉTAT ECCLÉSIASTIQUE.

Jean-Marie Aladel vint au monde dans les montagnes du Cantal, aux Ternes, près de la ville de Saint-Flour, le 4 mai 1800. Cette date du mois consacré à la Très-Sainte Vierge ne passera point inaperçue pour ceux qui savent découvrir les mystérieux rapprochements cachés dans l'existence de ses principaux serviteurs. Oui, le mois de Marie convenait à la naissance de l'enfant, qui sera un jour l'un de ses serviteurs les plus dévoués, et qui doit, autre Abraham spirituel, être le Père de la génération nouvelle et toujours croissante des

Enfants de Marie. Objet des complaisances de cette immaculée Mère, ne devait-il pas la servir plus tard et la faire honorer d'un culte particulier ?

La foi robuste, qui avait guidé et soutenu les vertueux parents du petit Jean-Marie Aladel, sous la pression de la tempête révolutionnaire, veilla sur la tendre enfance du plus jeune des fils de cette famille patriarcale. Celui qui en était le père et le chef se distinguait par un sens droit et élevé et une probité à toute épreuve, que rehaussait encore la piété héréditaire, transmise de génération en génération, comme le fonds le plus riche et le plus précieux du patrimoine. Les mœurs et les traditions des ancêtres se conservaient intactes dans la vie frugale et active du travail des champs, et sous cet humble toit habitaient la paix, la joie et tous les biens promis aux laboureurs qui savent les apprécier. La mère, non moins pieuse que son époux, était la *femme forte* de l'Écriture, *maniant* la *laine* et le *lin*, vigilante sur tous les besoins de la famille, et sachant tirer de son administration économe et bien ordonnée des aumônes pour l'indigent (1). Pendant les lon-

(1) *Prov.* xxxi, 10-20.

gues veillées de l'hiver, alors que la neige tenace et le froid piquant de la montagne interdisent les travaux du dehors, tous les enfants, rangés en cercle devant l'âtre garni d'un feu pétillant, écoutaient avec recueillement et respect les leçons du père qui se chargeait de leur apprendre les prières, les vérités du catéchisme et tout ce qui complète la première éducation chrétienne. La mère, au besoin, lui venait en aide par les conseils puisés en son cœur et par les naïfs récits qui égayaient l'austérité de l'autre enseignement. Heureuse école où l'élève reçoit ainsi le lait de la plus pure doctrine, confirmée par l'exemple des maîtres !

Cependant le père de famille ne tarda pas à discerner l'intelligence et les aptitudes sérieuses de Jean-Marie. Il en fit aussitôt l'objet spécial de ses soins et de sa sollicitude, s'attachant principalement à développer en lui un jugement sûr et une piété saine. En même temps, sa mère lui communiquait son esprit de foi et de religion. On le désignait souvent pour enseigner la lecture et le catéchisme aux autres enfants. C'était lui qui faisait la prière à haute voix, le soir, au milieu de la famille, en préparation au repos de la nuit.

L'hiver favorisait et multipliait ainsi les

leçons consacrées à la première éducation. Quand l'été arrivait, Jean était bien un peu employé, comme les autres, aux travaux de la campagne ; mais alors il avait un compagnon inséparable, à savoir, son livre, pour en étudier quelques pages et ne pas oublier ce qu'il avait appris.

Sa tendre dévotion à la Très-Sainte Vierge, qui a été le principal ornement de sa piété, commençait déjà à jeter de profondes racines dans son âme. Il aimait extrêmement les fêtes et les pratiques établies en l'honneur de Marie, et on l'a vu plusieurs fois aller aux champs et en revenir récitant le chapelet avec beaucoup de recueillement. Personne n'aurait osé l'interrompre ou le distraire, et tout le monde disait dès lors : « Cet enfant sera prêtre un jour, et un bon prêtre. »

En effet le père de Jean-Marie, découvrant en son fils ces germes heureux, comprit qu'il devait correspondre aux desseins de Dieu sur lui. Il songea à le faire étudier, et il n'hésita pas sur le choix de la maison d'éducation. Du reste il n'y en avait qu'une à Saint-Flour : c'était un collége communal tenu par de dignes prêtres du diocèse, renommé par ses fortes études, et formant très-bien l'esprit religieux des élèves. Le mauvais souffle de l'Université n'avait point atteint cet établissement : le jeune Aladel y fut admis, à peu près à l'âge de neuf ans, en qualité d'externe. « C'est là, dit un vénérable ecclésiastique, condisciple de notre Confrère, à qui nous devons de précieux renseignements sur ses premières années, que le nouvel élève, ami de la vie retirée, et loin de toute compagnie dangereuse, se fit bientôt remarquer par son application, la régularité de sa conduite et sa piété sincère. Quoique ses talents et ses succès le missent au-dessus de beaucoup d'autres, on ne le vit jamais s'en glorifier. Semblable à l'humble violette nouvellement éclose, cette âme encore tendre commençait à exhaler le doux parfum de vertu, qui le rendait agréable à Dieu et aux hommes. Aimé et apprécié de ses maîtres, il n'eut d'autre ambition que celle d'acquérir les connaissances nécessaires et utiles à un bon ministre des autels ; car il se sentait déjà un attrait prononcé pour cette divine vocation. Un excellent prêtre, son directeur spirituel, lui ayant tracé un règlement de la journée, il s'y montra constamment fidèle, même pendant les vacances. C'est ainsi qu'il contracta peu à peu les habitudes d'ordre et d'exactitude qu'il a conservées jusqu'à la fin.

Le plus beau jour de sa vie d'écolier fut sans contredit celui de sa première communion. Il aimait à en rappeler les émotions, dont le suave souvenir ne s'est jamais effacé de son cœur. Après avoir reçu son Dieu avec une foi vive et une fervente charité, il eut le bonheur de se consacrer solennellement à l'auguste et Immaculée-Marie. Placé sous sa protection très-spéciale et toute-puissante, il ne pouvait que prospérer dans ses études, faire de nouveaux progrès dans la piété et correspondre fidèlement aux desseins de la Providence. Une fois ses devoirs de classe achevés, il employait le reste du temps à la lecture sérieuse des meilleurs ouvrages qui formaient simultanément et sa connaissance de la vie intérieure et son goût littéraire. Il fut toujours très-assidu aux offices de l'Église et régulier dans la fréquentation des sacrements. Sa ferveur, qui ne s'est jamais démentie, n'était point austère : aussi jouissait-il de l'estime et de l'affection de tous. Il suivit tous les cours du collége avec distinction et fut toujours à édification pour les autres. Ses succès venaient principalement de son application soutenue, de la maturité de son esprit, et surtout de la vertu solide, qui l'élevant au-dessus de la légèreté de son âge, le rendait supérieur à ses condisciples dans sa méthode du travail et dans l'emploi du temps. Il avait acquis de la sorte un véritable ascendant sur eux, tellement que plusieurs l'ont suivi au grand séminaire, et quelques-uns au Séminaire de la Congrégation de la Mission.

Les cours du grand séminaire de Saint-Flour s'ouvraient alors au commencement du mois de novembre. Le nouveau séminariste avait beaucoup prié et réfléchi avant de s'y présenter. Il entrait dans la carrière sacerdotale, sous les heureux auspices de la Mère de Dieu et avec d'excellents témoignages de capacité et de bonne conduite. Ses maîtres, sages et expérimentés, observèrent bientôt en lui les signes les moins équivoques d'une vraie vocation. Le séminaire est pour le jeune clerc la *fontaine* par excellence du *Sauveur* des hommes : *Haurietis aquas in gaudio de fontibus Salvatoris* (1). Puisant chaque jour avec *allégresse* à la source abondante et précieuse des vraies lumières et de toutes les grâces, notre jeune élève du sanctuaire se pénétrait profondément de cet esprit ecclésiastique qui en faisait déjà un pieux lévite, et qui devait en faire plus tard un prêtre selon

(1) *Isai.* xii, 3.

le cœur de Dieu. Il se distinguait surtout par sa régularité, sa modestie, sa prompte et filiale soumission aux Supérieurs et son ardent amour pour Jésus et Marie. D'une exactitude parfaite dans les moindres choses, il s'attachait à chacune comme si elle eût été unique, et les embrassait toutes avec une égale affection. Nul ne s'appliquait davantage à étendre à tout l'extérieur de la vie l'ordre qu'il savait mettre dans sa conscience. Du reste sa régularité exemplaire n'avait rien d'affecté; elle était l'expression naturelle d'une âme qui aimait le devoir sans retour sur elle-même. Au jugement de ses plus anciens directeurs, sa conduite édifiante était l'effet des pieuses et fortes convictions que lui imprimait la grâce de Notre-Seigneur Jésus-Christ, principalement dans l'oraison et dans la sainte communion, à laquelle il avait coutume d'apporter une ferveur toute particulière.

Le séminaire de Saint-Flour traversait alors une crise extraordinaire. Depuis sa restauration il était dirigé par les vénérables prêtres de Saint-Sulpice. Mgr Louis-Joseph de Salamon voulant renouer des liens brisés violemment par la Révolution, décréta le rétablissement des Enfants de Saint-Vincent dans une maison qu'ils avaient habitée et remplie d'édification par leurs vertus et leur enseignement. Leur retour eut lieu en effet dans le courant de l'année 1820. Une portion du jeune clergé élevé par MM. les Prêtres de Saint-Sulpice voyait avec peine ce changement; deux partis se formèrent bientôt, même parmi les élèves du séminaire. M. Aladel, plein de vénération pour ses anciens maîtres dont il avait toujours soutenu l'autorité et proclamé le mérite, était aussi très-attaché aux Prêtres de la Mission, que la volonté du premier Pasteur venait de rappeler dans son diocèse. Par sa charité pure et active, son amour de l'ordre et sa douceur, il contribua d'une manière très-efficace à concilier les esprits des élèves et à maintenir la paix dans la maison. Il possédait l'estime et l'amitié des plus exemplaires, qui recherchaient sa compagnie et ses entretiens. L'un d'eux toutefois abusa un jour de sa simplicité.

M. Aladel était investi, depuis quelque temps, de la charge de sacristain. On lui avait confié, en cette qualité, toutes les clefs de son office, même celle qui ouvrait la porte de l'église donnant sur la rue. Or, un séminariste vint lui demander cette clef pour sortir en ville, s'y disant autorisé par M. le Supérieur. Le nouveau sacristain alla, sans hésiter, ouvrir lui-même la chapelle. Mais aussitôt dénoncé pour ce fait, il est appelé chez M. le Supérieur, qui commença par lui adresser de vifs reproches et alla même jusqu'à le menacer de l'expulsion. M. Aladel, devinant qu'il avait été trompé, demanda humblement pardon, sans se justifier, de sa grave infraction à la règle. Alors M. le Supérieur, qui avait mis à l'épreuve sa vertu, lui dit en souriant : « Vous pouvez remercier Dieu; j'étais à la tribune de la chapelle; j'ai tout vu, tout entendu, et comme vous portiez ostensiblement les clefs de façon à les faire sonner en traversant le sanctuaire, j'ai constaté votre bonne foi; je vous excuse donc; mais soyez moins facile et plus vigilant à l'avenir. » Bien des années après, le vieux Supérieur se plaisait à lui rappeler ce fait dans tous ses détails, et il ajoutait aimablement : « C'est du reste la plus grande faute que nous ayons eu à vous reprocher. »

Ce que nous venons de dire touchant sa vie de séminariste suffit pour faire comprendre quelles dispositions éloignées et prochaines il apportait aux ordinations, comme aussi les fruits spirituels qu'il en retirait. Tout son séminaire lui servit de préparation aux saints Ordres. Dès qu'il y était appelé par ses Supérieurs, qui étaient pour lui les représentants de Notre-Seigneur et les interprètes de sa volonté adorable, il suivait les exercices de la retraite avec un profond recueillement, se livrant aux méditations les plus sérieuses sur sa vie passée, sur son état présent et sur son avenir sacerdotal. Chaque Ordre, dignement reçu, paraissait l'élever d'un nouveau degré vers la perfection, tout en le préparant à mieux accomplir les desseins de Dieu sur sa personne.

CHAPITRE II.

SA VOCATION APOSTOLIQUE, SON ENTRÉE ET SES PREMIERS EMPLOIS DANS LA CONGRÉGATION DE LA MISSION.

Une des lectures spirituelles la plus attrayante pour M. Aladel avait été celle de la vie de notre Saint-Fondateur. En l'achevant il s'était senti poussé par un mouvement intérieur, suave et puissant, vers la Congrégation de la Mission. Il demandait chaque jour à la Sainte-Vierge la grâce d'être admis au nombre des Enfants de Saint-Vincent, promettant à cette douce Mère de la servir plus fidèlement, toute sa vie, en retour de cette insigne faveur. Marie exauça sa prière, et lui donna la force d'accomplir généreusement un grand sacrifice. Voici comment les choses se passèrent d'après le récit de l'ecclésiastique dont nous avons cité plus haut le témoignage. « M. Aladel était à sa deuxième année de théologie, lorsqu'il se décida à entrer à Saint-Lazare, afin, disait-il, d'y *devenir missionnaire*. Mais, pour exécuter ce projet, tant de fois médité devant le Seigneur, dans quelles perplexités ne se trouvait-il pas? Quelle douleur son départ allait causer à ses bons parents, qu'il affectionnait en fils respectueux et dévoué! Que de larmes il allait faire couler! Il n'aurait pas voulu les affliger, sachant tout ce qu'il leur devait, l'étendue des sacrifices qu'ils s'étaient imposés pour lui jusqu'à ce moment; mais il savait aussi que l'Esprit-Saint a dit qu'*il vaut mieux obéir à Dieu qu'aux hommes*, et qu'il faut à tout prix suivre l'appel positif et formel à un état de vie plus parfait. Que faire donc pour épargner à ses parents des adieux trop pénibles? Il a au séminaire un ancien condisciple, qui, comme lui, a fait de brillantes études; ils se comprennent, s'aiment et s'honorent réciproquement de la plus pure amitié. Mais cet ami, à qui il confie son secret, se trouve dans le même embarras, parce qu'il a le même dessein et qu'il rencontre pour l'exécution les mêmes difficultés. Comment triompher des obstacles du sang et de la nature pour correspondre à la grâce divine? Après avoir consulté Dieu dans la prière et pris l'avis des Supérieurs, ils écrivent chacun une lettre annonçant à leur famille la résolution irrévocable d'embrasser la vie apostolique, et ils partent aussitôt, pleins de confiance et de courage, pour la maison de Saint-Lazare, sans revoir leurs parents. » Cette générosité leur mérita la grâce d'être reçus au Séminaire-interne de la Mission, le 12 novembre 1821.

C'était l'époque où la petite-Compagnie travaillait dans le silence et l'humilité à se relever de ses ruines : on sait avec quelle lenteur et quelles difficultés. Les membres de la grande famille, qui avaient échappé au naufrage de la Révolution, épars çà et là, commençaient à se réunir en petit nombre dans le local de la maison actuelle, dite alors l'hôtel de Lorges, offert généreusement par le gouvernement de la Restauration, en 1817, à la Congrégation de la Mission, comme compensation de la perte de l'ancienne maison de Saint-Lazare, qui en avait été le berceau (1). Quand le jeune postulant frappa à la porte, il ne trouva point cette demeure agrandie et embellie, comme elle l'est aujourd'hui ; la chapelle manquait encore, et la restauration de l'édifice de Saint-Vincent n'était qu'à son début ; la divine Providence

(1) L'ordonnance du roi Louis XVIII, qui autorisa cet acte, est datée du 3 décembre 1817.

semblait l'amener pour en faire l'une des pierres fondamentales. La maison, à peine réparée, était dans un état de nudité et de dénûment qui n'offrait aucun des avantages dont nous jouissons actuellement. Le Séminaire et les études, encore dans les premiers éléments de leur formation, n'avaient rien d'attrayant et d'encourageant pour les nouveaux venus. L'on pouvait avec raison se demander si l'humble semence, jetée dans ce champ dévasté par la tourmente révolutionnaire, pourrait encore germer et porter un jour des fruits de bénédiction dans l'Église. En ces jours, il fallait être bien et dûment appelé de Dieu pour persévérer : aussi beaucoup de vocations, faibles ou incertaines, ne résistèrent point à l'épreuve. M. Aladel, touché de la ferveur et des bons exemples de plusieurs autres débutants comme lui, plaça toute sa confiance en Jésus et en Marie, et se mit d'autant plus sérieusement à l'œuvre, que les circonstances étaient plus difficiles, et que chacun devait concourir efficacement par son zèle et sa générosité au rétablissement de la Règle et de l'Esprit-primitif. Il suivit les exercices alors en vigueur avec beaucoup d'exactitude et de dévotion, ne négligeant aucune des grâces ni des moyens que Dieu lui donnait d'avancer à grands pas dans la perfection de notre état. Il était heureux de voir et d'entendre les vénérables Missionnaires, qui semblaient avoir apporté de l'ancien Saint-Lazare le feu sacré des vertus de notre Institut et de l'amour de nos saintes Règles.

Son application à l'étude ne nuisait point à son avancement spirituel, parce qu'il prenait garde de se relâcher sur la moindre pratique du Séminaire, et qu'il s'efforçait au contraire de croître et de se fortifier toujours dans l'amour, comme dans la connaissance de Jésus-Christ. On le vit redoubler de régularité, d'humilité et d'abnégation, à mesure qu'il approchait de l'époque solennelle des saints Vœux. C'est avec un esprit complet de sacrifice et un vif amour de Saint-Vincent et de la petite-Compagnie, qu'il les prononça, le 16 novembre 1823, prenant à témoin de ses engagements sacrés et la Bienheureuse-Vierge Marie et toute la cour céleste.

Il puisa avec abondance dans cette nouvelle source de grâces pour se pénétrer de plus en plus de l'esprit de la Mission, et aussi pour mieux se préparer au sacerdoce. Il fut promu à cette sublime dignité *à l'ordination de septembre* de l'année 1824. Tout le reste de sa vie, il a continué de célébrer avec une vive et profonde reconnaissance envers le Seigneur le double anniversaire de ses vœux et de son ordination sacerdotale. C'était à ses yeux un beau jour de fête, de joie spirituelle et de renouvellement intérieur, excellent exercice dans lequel il cherchait *à déposer* les restes du *vieil homme* et à se *revêtir du nouveau, créé dans la justice et la sainteté de la vérité* (1).

Les Supérieurs connaissaient le goût et le désir ardent de M. Aladel pour les Missions. Toutefois ils jugèrent à propos, dans leur sagesse, de l'appliquer d'abord à l'œuvre des Séminaires. Il fut envoyé en qualité de professeur de philosophie au grand séminaire d'Amiens, vers la fin de 1824. Quoiqu'il n'ait passé qu'une année dans cet établissement, il y exerça la plus heureuse influence sur les élèves par la bonne odeur d'édification que sa vertu répandit parmi eux. Rien n'échappe à la perspicacité des séminaristes; ils remarquent tout, la tenue, l'air, les paroles, les penchants, les habitudes, en un mot toute la conduite des Directeurs,

(1) Deponere vos secundum pristinam conversationem veterem hominem..... Renovamini autem spiritu mentis vestræ, et induite novum hominem, qui secundum Deum creatus est in justitia et sanctitate veritatis. (*Eph.* IV, 22, 23, 24.)

placés ainsi près d'eux pour la *perte* ou le *salut de plusieurs* dans l'Église (1). Or les Ecclésiastiques qui ont alors connu notre Confrère, en ont toujours gardé le meilleur souvenir, tant l'impression faite sur eux avait été heureuse.

Mais cette charge pesait lourdement sur ses épaules à cause de la grave responsabilité qui en résulte. Les Supérieurs parurent donc exaucer ses vœux intimes, l'année suivante, en l'attachant à la Mission de Sainte-Anne, dans le même diocèse. C'est dans ce saint ministère qu'il déploya tout son zèle pour la gloire de Dieu et le salut du pauvre peuple. Sa fidélité aux Règles communes de la Congrégation et aux Règles spéciales des Missionnaires, les pieuses industries que lui suggéraient ces mêmes Règles, la force et l'onction de ses prédications, son assiduité constante au saint tribunal, ses mortifications et ses prières, en particulier son fréquent recours à Marie, Refuge des pécheurs, voilà ce qui explique le bien immense opéré dans les paroisses qu'il évangélisa.

Vers le commencement de son ministère apostolique, il fut appelé au collége de Montdidier pour donner la retraite aux élèves. La première fois qu'il parut en chaire, il frappa

(1) *Luc.* ii, 34.

tout le monde par sa modestie et son air imposant. Cependant quelques étourdis se mirent à rire et à plaisanter tout bas sur la longueur de son nez. Le surveillant, qui s'en était aperçu, dénonça cette irrévérence, après l'instruction, à M. le Supérieur. Celui-ci, après un sévère examen, se crut obligé de sévir contre les plus coupables. Mais M. Aladel, qui en eut connaissance, courut intercéder en leur faveur, disant qu'ils étaient des enfants *sans malice*, et qu'ils avaient raison de trouver son *nez un peu long*. M. le Supérieur, touché de cette démarche, condescendit à ses charitables instances et se contenta d'admonester les élèves réunis, en disant : « Mes amis, plusieurs parmi vous seraient irrévocablement exclus de la maison sans l'intervention du vénérable Missionnaire, qui aurait pu imiter la rigueur du prophète Élisée. Mais sa mansuétude a désarmé ma justice. » Cet acte d'indulgence produisit une impression profonde sur la communauté, et contribua surtout au succès des exercices spirituels. Dieu les bénit en effet, et ceux qui avaient été portés à la raillerie et à la légèreté, dès le début, ne tardèrent pas à verser des larmes de componction sur leurs propres fautes.

M. Aladel avait alors la vigueur et le feu de la

jeunesse. Chaque Mission, tout en éprouvant sa santé, ne faisait qu'enflammer son zèle. Ne comptant pour rien les privations de tout genre, les fatigues et les difficultés, il s'est dépensé tout entier, avec son esprit et son cœur, à la conversion et à la sanctification des âmes dont il comprenait si bien le prix et les besoins. Il avait reçu un don particulier du Ciel pour toucher les pécheurs les plus endurcis, pour pénétrer dans l'intérieur des consciences, et discerner les dispositions des pénitents qui assiégeaient continuellement son confessionnal. Aussi avouait-il que Dieu accordait aux Missionnaires des grâces spéciales, qui opéraient des effets merveilleux dans les âmes; il déclarait encore que rien ne lui avait donné l'intelligence du cœur humain, de ses misères et des remèdes appropriés à ses infirmités, comme l'exercice du saint ministère. On regrettait seulement que sa réserve lui fît passer sous silence ces prodiges de miséricorde, dont il fut tant de fois le témoin et l'instrument providentiel. Mais sa profonde humilité ne pouvait se résoudre à divulguer les secrets du Roi des âmes (1), ce qui l'eût conduit à révéler aussi les secrets de son

(1) Sacramentum Regis abscondere bonum est. (*Tob.* XII, 7.)

laborieux et infatigable dévouement. Parlait-il de ses chères Missions, c'était seulement pour exalter les merveilles de la grâce divine ou pour faire l'éloge de ses Confrères. Ceux qui ont été les témoins de ses travaux disent qu'ils ont toujours admiré sa régularité, sa piété ferme et prudente et son humble charité, ainsi que l'action féconde et bénie de son apostolat.

M. Étienne, notre très-honoré Père, dans une touchante allocution prononcée, après la mort de notre Confrère, dans la chapelle des Sœurs, a parfaitement résumé en peu de mots cette époque de sa vie. « Dans les Missions, dit-il, il enlevait les âmes. Après trente-huit années écoulées depuis ce temps, on conserve encore le souvenir des fruits de grâce qui accompagnaient son fervent ministère; sa parole pénétrait les cœurs; sa prière obtenait, et sa pénitence accomplissait des prodiges de conversion. »

M. Aladel était heureux de se dépenser ainsi, pour l'amour de Notre-Seigneur, dans une œuvre si chère au cœur de Saint-Vincent. Les pauvres gens des champs étaient l'objet de sa prédilection : volontiers il se fût immolé pour eux jusqu'à son dernier soupir; mais Dieu allait lui demander ce sacrifice. La douloureuse perte de M. Delgorgues, de pieuse mémoire, laissait un vide qu'il fallait combler dans la direction des Filles de la Charité. Il s'agissait de le remplacer à la communauté de leur Maison-Mère. M. Étienne, alors procureur général de la Congrégation, connaissait intimement M. Aladel; il savait qu'il réunissait toutes les qualités désirables pour remplir cette fonction. Il s'en ouvrit à M. de Wailly, Supérieur-général, qui accueillit sa pensée comme une inspiration du Ciel. Vers le milieu de l'année 1828, l'apôtre des campagnes fut donc appelé à Paris. Il imposa silence au déchirement et aux réclamations de son cœur, par sa parfaite résignation à la volonté divine. M. le Supérieur-général lui dit qu'en récompense de ses anciens services, il allait lui confier la charge de confesseur, d'aumônier et de conférencier des Sœurs. Le nombre encore très-limité des Prêtres de la Mission ne permettait pas d'alléger beaucoup cette triple tâche, qui pesa presque uniquement, pendant plusieurs années, sur M. Étienne et sur M. Aladel. Celui-ci déploya dans son nouvel office l'énergie, l'assiduité et la ferveur qu'il avait montrées dans les Missions de Picardie. Comme un *bon* et *fidèle* serviteur du souverain Maître, il se livra tout entier à cet emploi aussi important que méritoire. Si les personnes qui l'ont vu à l'œuvre, ou expérimenté les effets de sa charité, pouvaient nous communiquer leurs souvenirs, que de choses belles et touchantes seraient révélées! Il faut l'avoir connu et suivi dans l'exercice de ses fonctions, pour se former une idée du bien opéré dans les âmes que la main de Dieu plaçait sous son habile direction, ou confiait, seulement en passant, à son zèle judicieux et entraînant. Ce zèle, qu'il puisait dans les Sacrés-Cœurs de Jésus et de Marie, était alimenté par les exemples et les entretiens de son digne collaborateur M. Étienne. La Providence, toujours admirable dans ses voies, avait déjà intimement uni ces deux âmes, si bien faites l'une pour l'autre, si remplies de l'esprit de Saint-Vincent et du désir d'en communiquer la connaissance et l'amour à ses enfants. C'est ainsi que Dieu les préparait de loin à l'accomplissement de ses grands desseins de miséricorde sur nos deux Familles. Ils avaient l'un et l'autre la confiance et les sympathies universelles. Sous l'influence de leur piété et de leur aimable union, les divergences causées par le malheur des temps s'effaçaient et disparaissaient peu à peu; la paix, l'uniformité, l'harmonie et le bonheur renaissaient au sein de la Communauté.

M. Aladel ne jouit pas longtemps des conseils sages et intelligents de M. de Wailly, Supérieur-général, que la mort enleva à la Compagnie, le 23 octobre 1828. Le vénérable M. Salhorgne, qui lui succéda, appréciait les vertus du jeune aumônier des Sœurs, le regardant comme un vrai Missionnaire, et l'ayant toujours honoré de son estime et de son affection. Celui-ci, de son côté, n'a jamais cessé de témoigner le plus humble respect et le plus vif attachement à son vénéré Supérieur. Il a souvent remercié Dieu d'avoir placé cette belle lumière sur le *chandelier* pour éclairer *toute la maison,* c'est-à-dire tous les enfants de Saint-Vincent. Que de fois ne s'est-il pas félicité d'avoir passé plusieurs années sous l'autorité paternelle de ce vénérable vieillard, d'avoir pu profiter des précieuses leçons de sa haute sagesse et de son expérience consommée! Il en sentait le besoin au milieu des nombreuses occupations de sa vie active. Tout son temps était absorbé par les devoirs de sa charge; à cette époque, il n'avait pas une heure de repos ni de liberté. Après l'action de grâces de la messe, célébrée à la suite de l'oraison, il entrait à jeun au confessionnal et y restait habituellement jusqu'à onze heures et demie, recevant les jeunes Sœurs de la Communauté et celles des paroisses de Paris, qui venaient, en nombre considérable, profiter des conseils de sa charité et de sa prudence. Après le dîner, il retournait au confessionnal jusqu'au soir. Notre très-honoré Père, M. Salhorgne, crut devoir modérer son zèle en lui imposant le déjeûner ordinaire, et, autant que possible, une heure de récréation après midi. Seul avec M. Étienne pour prêcher les retraites de la Communauté, il partageait encore avec lui celles qui se donnaient aux Sœurs des provinces. C'était un surcroît de travail; mais que de fruits de sanctification et de salut dédommageaient le fervent Missionnaire de ses fatigues! Quel renouvellement, et quelles effusions de grâces dans les maisons qui recevaient tous les ans l'envoyé du Seigneur!

D'un autre côté, le respectable M. Richenet, Directeur des Filles de la Charité, se trouvait dans un tel état d'affaiblissement à la suite de longues souffrances, qu'il pouvait avec peine remplir les fonctions de son office. Quelque jeune que fût M. Aladel, c'était à lui qu'on recourait sans cesse; c'était lui qu'on consultait; on le surchargeait sans crainte de se rendre importun. La situation demandait un tact exquis à l'égard du Directeur, qui conserva ce titre jusqu'à son dernier soupir. Or jamais l'affaiblissement et les infirmités de M. Richenet ne firent oublier à M. Aladel l'autorité dont il était revêtu. Ses prévenances respectueuses, la délicatesse de ses procédés, son entière déférence furent de frappantes leçons pour les témoins de sa loyale conduite. En toutes circonstances, à tout moment, il se mettait à la disposition du Directeur. Avec une admirable délicatesse il avait le talent de s'effacer, lors même que la nécessité le contraignait d'agir et de paraître ; il prenait le ton et les manières d'un humble serviteur, ménageant à M. Richenet tous les honneurs et les égards dus au rang qu'il occupait à la Communauté.

Cette humilité attira bientôt sur lui des récompenses et des consolations extraordinaires. L'année 1830 restera à jamais célèbre dans les annales de la Compagnie. Les anciens comme les nouveaux Missionnaires voyaient avec joie notre Congrégation replacée sur les bases posées par Saint-Vincent, et reprenant peu à peu son état normal. Ils appelaient de leurs vœux le jour où le corps sacré de notre Saint-Fondateur serait restitué glorieusement à sa Famille, y apportant aussi son esprit pour le communiquer à tous ses enfants, et répandre ainsi une vie nouvelle sur la Maison-Mère, et par elle sur chaque Maison particulière. M. Aladel partageait ardemment ce désir si pieux et si légitime. Il avait déjà vénéré avec amour cette insigne Relique, conservée religieusement sous un autel de la chapelle des Sœurs. Il put l'honorer et la contempler avec un redoublement de piété filiale, lorsque par l'ordre de Mgr de Quélen, Archevêque de Paris, elle fut extraite de la caisse toute simple qui la contenait, pour être juridiquement examinée et vérifiée, puis plus dignement placée dans la riche et splendide châsse qui l'expose maintenant au culte public. Notre Confrère assista avec ravissement à la Translation triomphale du corps de Saint-Vincent, le 25 avril 1830 ; il en admira la pompe magnifique et imposante ; il prit part à la neuvaine solennelle, au concours prodigieux des prêtres et des fidèles, et ces belles manifestations de la foi et de la dévotion le consolèrent grandement, ainsi que tous les Missionnaires et les Filles de la Charité. Il garda un souvenir ineffaçable de cet événement, et l'on eût dit qu'au contact de ces ossements sacrés, il se retrempa dans l'amour et les vertus de sa vocation, et qu'il contribua beaucoup à obtenir par ses ferventes et instantes prières et par une régularité parfaite le renouvellement de l'Esprit-primitif, non-seulement pour lui, mais pour tous les Enfants de la double Famille.

Au mois de juillet suivant, pendant l'octave de la fête de notre Bienheureux-Père, l'une de ses plus précieuses Reliques était exposée, selon l'usage, dans la chapelle des Filles de la Charité. Une jeune Sœur du Séminaire, simple fille des champs, sans éducation ni savoir, et incapable de juger de la situation politique ou de prévoir les bouleversements qui allaient arriver, fut favorisée d'une vision céleste, bien mémorable pour nous tous. Elle aperçut avec une religieuse frayeur au-dessus du reliquaire de Saint-Vincent un cœur de couleur rouge, mais dont la nuance était sombre et lugubre. A l'instant une voix intérieure lui fit entendre ces paroles : « *C'est le cœur de Saint-Vincent, qui est profondément affligé des grands malheurs qui vont fondre sur la France.* » Toutes les fois qu'elle entrait dans la chapelle, la même vision se reproduisait, et elle entendait les mêmes paroles ; ce qui eut lieu chaque jour de l'octave : seulement pendant les trois derniers, elle observa que la couleur du cœur était vermeille, et que la voix intérieure lui disait : Le *cœur de Saint-Vincent* est un peu consolé, parce qu'il a obtenu de Dieu, par l'intercession de la sainte Vierge, que ses deux Familles ne périraient pas au milieu de ces malheurs, et que *Dieu se servirait d'elles pour ranimer la foi dans les âmes*. La Sœur s'empressa de communiquer ce qu'elle voyait et entendait à M. Aladel, son directeur. Celui-ci prêta peu d'attention à ces détails, qui s'accordaient si peu avec l'état actuel de la France, célébrant des fêtes en l'honneur de la conquête toute récente de l'Algérie. Mais, dès le lendemain de l'octave, la révolution, dite de juillet, éclata et répandit partout la terreur. Nos deux Maisons-Mères furent respectées. La nôtre toutefois fut visitée par des gens armés; mais ils n'y commirent aucun désordre ni dégât. La jeune Sœur l'avait prédit à son confesseur.

Pendant ces jours d'angoisses et de trouble, M. Aladel et M. Étienne montrèrent un dévouement et un courage admirables. On les vit à la faveur du costume séculier, que les circonstances les forçaient de revêtir, affronter les dangers de l'émeute populaire, traverser les groupes séditieux et exposer leurs personnes, en reconnaissant la position et en examinant par eux-mêmes les mesures de prudence et de sûreté qu'il fallait prendre pour conserver dans les deux Familles le calme et la confiance. La charité *que les eaux* de la tribulation *ne peuvent éteindre, et qui est plus forte que la mort, pressait* ces deux grandes âmes. Nos Sœurs disséminées dans les divers établissements de Paris en ressentirent les heureux effets, et les visites inattendues qu'elles reçurent leur apportèrent d'inexprimables consolations. C'étaient des secours opportuns, ou mieux, une sorte d'apparition angélique qui, au milieu du tumulte de la lutte, d'un feu meurtrier et des barricades, était le message de paix et d'espérance envoyé par les deux Maisons-Mères. Les deux consolateurs étaient soutenus eux-mêmes par la pensée que Saint-Vincent avait obtenu de la Très-Sainte Vierge la préservation spéciale de ses enfants. Ils ne se trompaient pas dans leur conviction. Alors, comme de nos jours, la protection du Ciel se montrait visible et éclatante sur les Missionnaires et les Filles de la Charité. Bientôt la Très-Sainte Vierge confirma la première révélation par son apparition *miraculeuse*.

Au mois de septembre de la même année 1830, la jeune Sœur dont nous avons déjà parlé, étant à genoux et en prières dans la même chapelle, vit élevé en l'air, dans l'abside, du côté de l'épître, un tableau brillant de lumière et représentant la Sainte-Vierge, telle qu'on la dépeint communément avec le titre d'*Immaculée*. Elle paraissait revêtue d'une robe blanche et d'un manteau bleu de ciel, avec un voile ayant le reflet de l'aurore; ses bras étaient entr'ouverts et étendus vers le globe terrestre, figuré sous ses pieds; ses mains étaient chargées de diamants, qui reflétaient comme par faisceaux, sur le globe, des rayons d'un éclat ravissant et avec plus d'abondance sur une certaine région. Elle entendit en même temps une voix qui lui disait : « *Ces rayons sont le symbole des grâces obtenues par Marie pour les hommes, et le point sur lequel ils sont versés plus abondamment, c'est la France.* » Autour du tableau, elle lut l'invocation suivante écrite en caractères d'or : *O Marie conçue sans péché, priez pour nous qui avons recours à vous!* Quelques moments après, le tableau se retourna : sur le revers, elle vit la lettre ☩/M surmontée d'une petite croix, et au-dessus les Saints-Cœurs de Jésus et de Marie. La novice, considérant avec attention cette merveille, entendit de nouveau la même voix qui disait : « *Il faut faire frapper une médaille sur ce modèle, et les personnes qui la porteront indulgenciée, et qui répéteront avec piété cette courte prière, jouiront d'une protection toute spéciale de la Mère de Dieu.*

Elle vint, dès le lendemain, faire part de ce qu'elle avait vu et entendu à son vénéré directeur, qui, considérant tout cela comme un pur effet de son imagination, se contenta de lui dire quelques mots sur la véritable manière d'honorer Marie, et de nous assurer sa protection, à savoir, l'imitation de ses vertus. La jeune Sœur se retira satisfaite et sans s'occuper davantage de sa mission. Six ou sept mois après, l'apparition s'étant renouvelée de la même manière, elle crut devoir en parler de nouveau à son confesseur, qui n'eut pas l'air d'y attacher plus d'importance que la première fois. Enfin, après un intervalle de quelques mois, elle vit et entendit encore les mêmes choses; mais la voix ajoutait que la Sainte-Vierge n'avait point pour agréable la négligence à faire frapper la médaille. Cette fois, sans cependant le déclarer, le pieux Directeur crut qu'il devait apporter à l'affaire une sérieuse considération. Il savait, d'un côté, que rien n'est impossible à la toute-puissance miséricordieuse de Dieu; de l'autre, il n'aurait pas voulu pour tout au monde déplaire à la Très-Sainte-Vierge et Immaculée Marie. Toutefois pour mettre fin à ses hésitations, il prit le parti de consulter M. Salhorgne, alors Supérieur-général, ainsi que M. Étienne. Il les trouva l'un et l'autre favorables au projet de faire frapper la médaille. Un jour que M. Étienne allait faire visite à Mgr de Quélen, archevêque de Paris, il engagea M. Aladel à l'accompagner. La conversation les ayant amenés au récit de tous les détails de la vision, le vénérable Prélat déclara ne voir aucun inconvénient à l'émission de la nouvelle médaille, attendu que, bien loin d'être opposée à la foi de l'Église, elle en était la véridique expression ; qu'elle contribuerait à ranimer la piété des fidèles envers l'auguste Mère du Sauveur, à relever et à accroître son culte. « Je désire, ajouta-t-il, recevoir de vos mains l'une des premières frappées. » Dès lors toutes les hésitations de M. Aladel cessèrent. Mais bientôt le choléra, qui éclata dans Paris, contraignit M. Aladel d'ajourner encore l'exécution du projet arrêté devant Dieu. Le fléau exerçait les plus affreux ravages : tout le temps du Missionnaire était absorbé par les travaux de son ministère ; il se multipliait pour rassurer et consoler ceux qui étaient tombés dans la souffrance et la consternation. Inaccessible à la crainte et préoccupé seulement du bien des âmes, il ne cessait de distribuer, soit dans la Maison-Mère, soit dans les autres Maisons des Sœurs, les secours spirituels avec la plus suave charité. L'onction touchante de sa parole exhortait les victimes de l'épidémie et les disposait à paraître avec confiance devant le souverain Juge. Jour et nuit, il se dépensait et se sacrifiait lui-même à leur chevet. La moisson de mérite qu'il amassa pour lors fut abondante et précieuse; elle ne doit pas être l'un des rayons les moins brillants de sa couronne. Sa santé en reçut une grave atteinte, sans que l'excès de la fatigue pût jamais ralentir un instant son admirable dévouement.

Le choléra ayant presque cessé au mois de juillet 1832, il lui fut enfin permis d'accomplir le désir de la Sainte-Vierge et le sien; il fit frapper la médaille de l'Immaculée-Conception, selon le modèle de l'apparition. On ne grava aucune parole sur le revers, parce que, d'après la voix céleste entendue de la novice, le *monogramme de Marie, la croix et les deux cœurs en disaient assez à l'âme chrétienne*.

La Sainte-Vierge a voulu que M. Aladel fût le confident de sa volonté et le propagateur de sa *médaille*, bientôt décorée par la voix du peuple du titre de *miraculeuse*. Comme cette

Immaculée Mère pressait la jeune Sœur d'exécuter son dessein, celle-ci lui dit un jour dans sa simplicité : « *Mais, ma bonne Mère, vous voyez bien qu'il ne me croit pas.* » Il lui fut répondu : « *Sois tranquille, un jour viendra où il fera ce que je désire; c'est mon serviteur, il craindrait de me déplaire.* » Cette parole ne tarda pas à se réaliser.

Quant à l'humble Fille de Saint-Vincent, elle demeura convaincue que Notre-Seigneur l'avait choisie, sans aucun mérite de sa part, comme le porte-voix ou l'interprète d'un secret de la miséricorde divine, et aussi pour publier et relever la gloire de Marie-Immaculée. Il suffisait, dans sa pensée, qu'elle eût tout révélé au fidèle serviteur de la Mère de Dieu; et loin de se produire en rien aux yeux du monde ou de la Communauté, elle voulut se renfermer dans le silence le plus absolu et être comme ensevelie dans un profond oubli des créatures. Son digne Directeur approuva fortement une pensée si conforme à l'esprit de Saint-Vincent, et bénie du Ciel. Aussi s'est-il toujours attaché à la tenir inconnue et cachée, lui prescrivant de ne dévoiler aucune des circonstances qui devaient demeurer secrètes ou n'être connues que plus tard. Dès que la nouvelle de ce prodige éclatant se répandit parmi les Filles de la Charité, M. Aladel fut assailli d'une foule de demandes, qui exigèrent de lui beaucoup de tact et de prudence. Il ne pouvait sortir sans être aussitôt questionné sur les circonstances de l'apparition de la Sainte-Vierge. » Un jour, dit-il, je fus singulièrement embarrassé. Me trouvant en présence d'un grand nombre de Sœurs, je fus pressé de mille questions à ce sujet, avec prière de rapporter le fait dans tous ses détails. Or la Sœur, qui avait eu la vision, était là. Comment répondre alors, sans gêne de ma part, et sans la trahir? Me confiant à l'assistance de Marie, je racontai tout simplement le prodige; et j'admirai celui qui se passait sous mes yeux; car la bonne Sœur, que je craignais de jeter dans le trouble et la confusion, sut garder sa contenance naturelle, mêler son mot à l'entretien avec la même liberté d'esprit que les autres, sans changer d'attitude ni de visage, comme s'il se fût agi d'une personne étrangère. Alors il me sembla que le secret gardé par nous deux était agréable au Seigneur, et qu'il bénissait l'humilité du silence dans lequel elle se réfugiait et se cachait. »

Une affaire conduite avec tant de sagesse et de prudence devait réussir, et produire les fruits les plus consolants de sanctification et de salut. Laissons M. Aladel prendre ici lui-même la parole et nous expliquer les suites merveilleuses de l'apparition de Marie : « Aussitôt que la médaille fut frappée, elle commença à se répandre, surtout parmi les Filles de la Charité, qui, ayant eu quelque connaissance de son origine, la portaient avec une vive et tendre confiance. Bientôt elles la donnèrent à des personnes malades, dont six ne tardèrent pas à en éprouver les heureux effets : trois guérisons et trois conversions s'opérèrent, tant à Paris que dans le diocèse de Meaux, d'une manière aussi subite qu'inattendue. C'est alors que l'on commença à demander de toutes parts la *médaille miraculeuse*, la médaille *qui guérit*. Alors on vit de vertueuses mères de famille la donner pour étrennes à leurs enfants, et le bonheur avec lequel elle était accueillie et conservée prouvait combien ces cœurs innocents y attachaient de prix. Dès qu'elle était connue dans un endroit, toutes les personnes pieuses s'empressaient de se la procurer. Mais ce qui nous frappa et nous édifia beaucoup, c'est que, dans deux villes de province, presque tous les jeunes gens se concertèrent pour la prendre comme la sauvegarde de leur jeunesse : les quatre cents médailles en argent demandées à cet effet nous furent envoyées pour être indulgenciées. Bientôt, en plusieurs lieux, des paroisses entières s'adressèrent à leur pasteur pour l'obtenir, et l'on a vu à Paris un Officier supérieur en acheter soixante pour d'autres militaires en grade, qui l'en avaient prié. Pendant que la médaille se propageait ainsi d'une manière vraiment prodigieuse dans toutes les contrées, on racontait partout les choses les plus consolantes. Ici, c'étaient des prêtres remplis de l'esprit de Dieu, annonçant qu'elle *ranime la ferveur dans les villes comme dans les campagnes;* là, des Grands-Vicaires et même des Prélats distingués, assurant *qu'elle possède toute leur confiance*, et qu'ils la regardent comme un *moyen ménagé par la Providence, pour réveiller la foi si sensiblement affaiblie dans notre siècle...* tous disant *que personne ne porte cette médaille sans en ressentir les effets salutaires.* Non-seulement les pieux fidèles, mais encore des Chrétiens indifférents, des pécheurs endurcis, des Protestants, des impies, des Juifs même la demandaient ou la recevaient avec plaisir, et la portaient avec respect. C'est ainsi qu'elle se répandit rapidement et avec profusion dans toutes les parties de la France, dans la Suisse, en Italie, en Espagne, en Belgique, en Angleterre, en Amérique, dans le Levant et jusque dans la Chine. A Rome, les Généraux d'ordres religieux et le clergé séculier s'empressèrent de la faire connaître. Le Souverain-Pontife lui même la plaça au pied de son crucifix, et la donna à plusieurs personnes, comme une marque particulière de sa bienveillance pontificale (1).

M. Aladel admirant dans le Seigneur de si beaux résultats, et désirant les augmenter encore et en perpétuer le religieux souvenir, fit paraître en 1834, de l'avis de ses Supérieurs, la *Notice historique sur l'origine et les effets de la nouvelle Médaille*, frappée en l'honneur de l'Immaculée-Conception de la Très-Sainte Vierge, laquelle a eu, en France seulement, dans l'espace de sept ans, sept éditions s'élevant au delà de 130,000 exemplaires. La huitième, publiée en 1842, est la plus complète. L'auteur a déclaré plusieurs fois que, s'il avait voulu raconter tous les traits de protection, toutes les guérisons, toutes les conversions obtenus au moyen de la *Médaille miraculeuse*, tels qu'ils sont parvenus à sa connaissance, il aurait eu la matière de plusieurs volumes in-

(1) *Notice historique sur l'origine et les effets de la nouvelle Médaille* Ire part., chap. III.)

octavo. Cette petite Médaille est devenue, selon son expression, *tout un monde de merveilles*, sous l'influence céleste de la Mère de miséricorde ; elle a partout provoqué et accru la dévotion envers l'Immaculée-Conception de la Sainte-Vierge. Le zélé Missionnaire exhortait les Sœurs de la Charité à la propager en tous lieux et de toutes les manières. Lui-même en a distribué un nombre incalculable : il la donnait aux personnes pieuses, aux infirmes, aux agonisants, aux pauvres comme aux riches, aux pécheurs même les plus obstinés ; il profitait avec joie de toutes les occasions de la recommander et de la multiplier. Il eût voulu la répandre dans toutes les contrées infidèles, et en inonder pour ainsi dire toute la terre. Pour bien apprécier son zèle ardent sous ce rapport, ainsi que le véritable esprit de cette dévotion, il faut citer ses propres paroles : « Qu'il croisse, qu'il s'étende de plus en plus le culte de Marie *conçue sans péché*, ce culte si doux, si touchant, si propre à faire descendre sur la terre les bénédictions du Ciel ! Prions avec ferveur et amour l'Immaculée-Mère de Dieu de répandre toujours davantage sa dévotion dans les cœurs, de bénir cette France dont elle se montra si souvent la protectrice, d'y conserver, d'y affermir, d'y augmenter la foi, d'y ranimer la piété... Prions-la aussi, en sollicitant la même grâce pour tous les pays et pour tous les peuples. Portons tous le signe précieux de sa tendresse maternelle, cette *Médaille miraculeuse* qui, en nous rappelant le premier et le plus glorieux de ses priviléges, nous est donnée par elle comme le gage de toutes les faveurs. Oh! si nous *savions le don* de notre Mère!... Si nous comprenions l'excès de sa bonté! Ne semble-t-elle pas vouloir nous en donner l'intelligence, en nous montrant l'abondance de ses richesses et les prodiges de sa libéralité par ces rayons de grâces qu'elle fait pleuvoir sur nous comme un déluge d'amour? Ne nous dévoile-t-elle pas aussi le mystère de sa charité dans l'image de son cœur uni à celui du divin Jésus? Un même feu les brûle, un même zèle les dévore, la soif de notre salut. Les douleurs du Calvaire, au lieu de l'affaiblir et de l'éteindre, n'ont fait que redoubler son ardeur. Cette union d'amour et de sacrifice nous est en effet représentée d'une manière bien sensible par le signe sacré de la Croix et le chiffre de l'auguste Marie, réunis ensemble au-dessus des deux Cœurs, comme un témoignage authentique de la coopération de la Mère du Sauveur au salut du genre humain.

Portez-la donc, petits enfants, cette Médaille chérie, ce délicieux souvenir de la meilleure des Mères; apprenez et aimez à dire : *O Marie conçue sans péché, priez pour nous qui avons recours à vous !* Étoile du matin, elle se plaira à guider vos premiers pas et à vous conserver dans l'innocence. Portez-la, jeunesse chrétienne, répétez fréquemment parmi les écueils sans nombre qui vous environnent : *O Marie conçue sans péché!* Vierge sans tache, elle vous préservera de tout péril. Portez-la, pères et mères, et la Mère de Jésus répandra sur vous et sur vos familles les plus abondantes bénédictions. Portez-la, vieillards et infirmes : *Secours des chrétiens*, elle viendra à votre aide pour sanctifier vos douleurs et vos dernières années. Portez-la, âmes consacrées à Dieu, et ne cessez de dire : *O Marie conçue sans péché... Reine des Vierges*, elle fera germer dans le jardin de votre cœur les fleurs et les fruits qui doivent être les délices de l'Époux et former votre couronne au jour des noces de l'Agneau. Et vous aussi, pauvres pécheurs, fussiez-vous tout couverts des plaies du péché, fussiez-vous enfoncés dans les plus profonds abîmes des passions, le bras du Dieu vengeur fût-il déjà levé sur votre tête et près de vous frapper, le désespoir se fût-il emparé de votre âme, levez les yeux vers l'Étoile de la mer; la compassion de Marie vous reste; prenez la Médaille, criez du fond du cœur : *O Marie conçue sans péché*... Refuge assuré des pécheurs, elle vous retirera du précipice où vous aviez eu le malheur de tomber; elle vous ramènera dans les sentiers de la justice et du bonheur... Toutefois ce ne serait pas assez de porter la Médaille comme un gage bienveillant de l'amour de Marie Immaculée. Recevons-la encore, comme une preuve touchante de sa maternelle sollicitude, pour l'avancement et la perfection de nos âmes. C'est l'image de sa beauté et de sa bonté qu'elle nous apporte du ciel pour être en même temps notre secours et notre modèle durant les jours du pèlerinage. C'est un miroir dans lequel nous apprenons à connaître le Soleil de justice par les perfections dont il a enrichi sa divine Mère. C'est une céleste lumière qui nous dirige à travers les ténèbres de l'exil. C'est d'un côté l'image de ce que nous devons être, de l'autre une éloquente leçon de ce que nous devons pratiquer. L'éclatante pureté de l'Immaculée-Marie nous dévoile la beauté de notre âme créée à la ressemblance du Dieu trois fois saint, et, en excitant en nous l'amour de la vertu angélique, elle doit nous inspirer l'horreur du mal et nous faire éviter jusqu'aux imperfections les plus légères, puisqu'elles terniraient cette divine ressemblance. Et comme si ce n'était pas assez d'exciter notre émulation et notre ferveur par la vue de sa ravissante beauté, la Vierge fidèle veut nous découvrir encore le moyen de conserver pur le lis de l'innocence, ou de le recouvrer, si nous avons eu le malheur de le perdre. *Rien ne sera gravé au revers de la médaille ;* ce qu'il représente *en dit assez à l'âme chrétienne...* Entrons dans les desseins de notre Mère ; pénétrons son mystérieux silence. Les Cœurs-Sacrés de Jésus et de Marie, unis au-dessous de la Croix, nous disent que la pureté se conserve ou se rachète par l'amour, par l'union à notre Sauveur ; l'amour *couvre la multitude des péchés*, l'amour assure la fidélité. Il doit être *plus fort que la mort*, pour nous faire mourir au monde, au péché et à nous-mêmes, afin de nous attacher inséparablement à Jésus crucifié. C'est ce que veut encore nous apprendre Marie par le signe de la Croix, uni à son saint nom. Il est placé au-dessus des deux Cœurs, parce que le véritable amour conduit au sacrifice ; il immole, il enchaîne, il cloue à la Croix de Jésus-Christ, et cette union de souffrances ici-bas amène l'union glorieuse et éternelle... Enfants de Marie, répondons à son amoureuse tendresse ; soyons dociles aux salutaires leçons de son ingénieuse charité. Vivons et mourons comme sous les yeux d'une si bonne Mère ; consultons-la souvent ; lisons dans ses regards ce que nous devons faire pour plaire à son divin Fils. Allons à Marie, selon l'invitation du dévot saint Bernard ; allons nous jeter souvent à ses pieds. Allons à notre Mère avec la simplicité d'un enfant, qui presse avec amour ses mains pleines de grâces, jusqu'à ce qu'il ait obtenu l'objet de sa demande. Au milieu des orages, des peines et des tribulations dont la vie est agitée, regardons l'Étoile, invoquons Marie. Ne nous lassons jamais de recourir à son aimable protection ; jamais elle ne se lassera d'écouter nos prières. Puissent son souvenir et son amour régner toujours dans nos âmes ! Puisse notre bouche répéter sans cesse la douce invocation : *O Marie conçue sans péché, priez pour nous qui avons recours à vous !* Et quand notre voix sera éteinte, puisse la Médaille *miraculeuse* rester collée sur nos lèvres mourantes et presser notre cœur expirant, afin que son dernier battement proteste que nous voulons mourir, en disant avec amour : *O Marie conçue sans péché, priez pour nous qui avons recours à vous !...* »

De tels accents et tous les détails pleins d'intérêt et de piété que renferme la *Notice historique*, n'ont pas peu contribué à propager partout et à faire aimer de jour en jour la Médaille de la Sainte-Vierge, en même temps que la dévotion au mystère de son Immaculée-Conception. Alors s'est produit par tout l'univers chrétien le mouvement général qui a excité dans le cœur du clergé et des fidèles le désir ardent de voir proclamée, comme article de foi, cette illustre prérogative de la Mère de Dieu. Et quand l'auguste et immortel Pie IX a adressé, quelques années plus tard, une encyclique aux évêques du monde catholique pour prendre des informations authentiques en vue de la prochaine définition de ce dogme, le saint Pontife a trouvé le terrain admirablement préparé, et tous les cœurs favorables à la proclamation solennelle de cette grande vérité. Or, nous devons le reconnaître et ne jamais l'oublier, la Très-Sainte Vierge a daigné accorder l'insigne honneur aux deux Familles de Saint-Vincent, de se servir de leur ministère pour

---

(1) *Notice historique* (Ire part., chap. III.)

disposer sur tous les points du globe les esprits et les cœurs à un événement, qui devait être si glorieux pour elle et si consolant pour nous. C'est depuis la vision de la Sainte-Vierge, que la Compagnie des Filles de la Charité a pris une extension vraiment prodigieuse. L'ère de sa prospérité intérieure et extérieure date de cette époque, et c'est à la même source de salut que la Congrégation de la Mission a puisé la *résurrection* et la *vie*. Elle était à la veille d'une crise terrible : *Marie conçue sans péché* a intercédé en sa faveur et obtenu pour elle de Notre-Seigneur Jésus-Christ la force de triompher de tous les obstacles, de s'affermir sur ses bases antiques, de s'enraciner de plus en plus dans l'Esprit et la Règle du Saint-Fondateur, et de s'étendre rapidement par toutes les contrées du monde. Oui, si la petite-Compagnie a pu se consolider, grandir et prospérer au milieu des orages, c'est, après Dieu, à l'Immaculée-Vierge qu'elle en est redevable : grâces éternelles lui en soient rendues !

CHAPITRE III.

M. ALADEL ASSISTANT DE LA CONGRÉGATION DE LA MISSION.

Le vénérable M. Salhorgne, arrivé à un âge très-avancé, était accablé d'infirmités graves. Dans son humilité profonde, il jugeait l'état de sa santé incompatible avec les obligations et la responsabilité d'un Supérieur-général. C'est pourquoi il prit la détermination irrévocable de donner sa démission. Impossible d'exprimer la douleur que cette résolution causa à M. Aladel, si rempli d'estime et d'affection pour ce très-digne Supérieur. Il était convaincu qu'une telle mesure serait nuisible à la Compagnie. Il vit avec inquiétude l'Assemblée-générale de 1835 accepter, quoique à regret, la démission proposée. C'était un coup sensible porté à son cœur. Comme, d'un autre côté, il éprouvait toujours le même attrait pour l'œuvre des Missions, il crut l'occasion favorable de le manifester, et il sollicita la faveur d'être envoyé dans les pays étrangers. Mais le divin Maître demandait de lui une immolation d'un autre genre. Par la disposition de son adorable sagesse, il suggéra à l'Assemblée qui avait donné M. Nozo pour successeur à M. Salhorgne, la pensée de nommer M. Aladel troisième Assistant du Supérieur-général, le fixant ainsi à la Maison-Mère, où il devait se consumer chaque jour dans l'exercice d'un dévouement sans bornes jusqu'à son dernier soupir. Il avait trente-cinq ans à peine. Sa piété, sa prudence, son amour de l'ordre et de la régularité, et l'Esprit de Saint-Vincent, dont il était rempli, l'avaient désigné au choix de ses Confrères. Personne ne fut plus étonné que lui de cette élection. Cependant son obéissance ne put reculer. Il se laissa imposer une charge aussi lourde que difficile. La Providence introduisait ainsi au sein du Conseil un sage défenseur des principes qui devaient prévaloir à l'avénement de M. Étienne, et assurer l'avenir de la Compagnie. Mettant toute sa confiance en Notre-Seigneur et en son Immaculée-Mère, et comprenant aussi, dès le début, les exigences de son office et des circonstances, le nouvel Assistant résolut de se consacrer entièrement au bien des deux Familles, et d'accomplir fidèlement tous ses devoirs. Durant trente années, il s'est acquitté de ses graves fonctions avec un heureux tempérament de charité et de fermeté, de zèle et de discrétion, de respect pour l'autorité et d'attachement invariable aux Maximes et aux Règles de la Mission.

En 1836, M. Aladel assista avec de vives actions de grâces à l'établissement d'une œuvre magnifique. M. Dufriche-Desgenettes, qui avait été curé de la paroisse des Missions-Étrangères, ayant eu connaissance de la vision de la Médaille, était venu plusieurs fois demander à M. Aladel quelques détails édifiants sur ce fait si merveilleux. Un jour, ce digne Ecclésiastique dit à notre Confrère : « Vous devriez, Messieurs, instituer un pèlerinage dans la chapelle des Sœurs, en mémoire de cette glorieuse manifestation ; vous verriez bientôt l'affluence des fidèles et les prodiges de la Sainte-Vierge. » M. Aladel répondit avec beaucoup de sagesse : « La chose n'est pas possible chez nous : précisément cette affluence empêcherait les Supérieurs d'établir cette dévotion dans la chapelle des Sœurs : le recueillement et l'esprit intérieur de la Communauté en souffriraient un détriment. Évidemment Marie-Immaculée ne veut pas fonder ici son pèlerinage. Mais vous, Monsieur le Curé, vous devriez l'établir dans votre église paroissiale. » Les choses en restèrent là pour le moment. Cependant M. Desgenettes ayant été transféré à la cure de Notre-Dame-des-Victoires, gémissait devant Dieu sur l'état désolant de sa nouvelle paroisse : pas de piété dans le peuple, l'église restant déserte les dimanches et les fêtes. Le vertueux curé cherchait un remède efficace à un si grand mal. Le 3 décembre 1836, pendant le saint sacrifice de la messe, célébrée à l'autel de la Sainte-Vierge, la pensée du pèlerinage se représente vivement à son esprit. « Le moment ne serait-il pas venu, se dit-il alors, de réaliser ce beau dessein de la miséricorde infinie, en consacrant la paroisse au Cœur très-pur de la Mère de Dieu ? » Quelque temps après, la Confrérie du Très-Saint et Immaculé-Cœur de Marie était canoniquement érigée à Notre-Dame-des-Victoires, et elle attirait dans ce lieu béni la multitude des fidèles. Bientôt elle enlaçait, comme dans un réseau spirituel, l'univers entier pour la plus grande gloire de Notre-Seigneur Jésus-Christ et de sa Sainte-Mère, et aussi pour le profit des pécheurs. L'œuvre a été canoniquement instituée, confirmée et enrichie de faveurs spirituelles, puis élevée au rang d'Archiconfrérie par le Saint-Siége Apostolique. Mais c'est bien l'apparition de l'Immaculée-Marie à une simple Fille de Saint-Vincent qui en a suggéré la première idée. Aussi M. Aladel n'hésitait-il pas à déclarer aux Sœurs de la Charité qu'elles accomplissaient le pèlerinage de Notre-Dame-des-Victoires en visitant pieusement le sanctuaire de la Communauté. C'est pourquoi M. Desgenettes, les voyant dans son église, leur a dit plusieurs fois : « Que venez-vous faire ici, mes Sœurs? Vous quittez la source, pour puiser au ruisseau! » C'est ce qui le porta à désigner et à déterminer, comme signe distinctif des membres de l'Archiconfrérie, *la Médaille miraculeuse*, à laquelle le Souverain-Pontife a attaché *cent* jours d'indulgence, chaque fois qu'ils la baisent avec dévotion, en disant : *O Marie conçue sans péché, priez pour nous qui avons recours à vous!*

En cette même année 1836, M. Richenet, Directeur des Filles de la Charité, termina ses longues souffrances par une mort précieuse devant le Seigneur. Il semblait que M. Aladel dût lui succéder, puisqu'il remplissait déjà toutes les fonctions de Directeur. Dieu permit que ce fardeau fût épargné encore un peu de temps à ce bon serviteur : il le lui réservait pour une époque plus favorable. Alors le choix tomba sur M. Grappin, deuxième Assistant de la Congrégation, Confrère des plus anciens et des plus accomplis. M. le Supérieur-général, comme nous l'avons dit, nomma en même temps, M. Aladel Assistant de notre Maison-Mère. Dans cet emploi, aussi difficile qu'important, notre digne Confrère n'eut d'autre ambition que de travailler à faire revivre l'Esprit-primitif avec les usages antérieurs, et la pratique exacte de tous les points de la Règle. Telle était la grâce précieuse qu'il ne cessait de solliciter humblement dans ses prières, bien convaincu que le moyen par excellence d'établir la régularité dans les maisons particulières de la petite-Compagnie, était de commencer par rendre la Maison-Mère modèle de toutes les autres. Il employait les moyens les plus convenables et les plus efficaces pour faire régner dans la Communauté l'ordre, l'union, le respect, la modestie, le silence, la ponctualité, l'esprit de piété et de renoncement. La constante édification de ses exemples, l'onction de sa charité, ses avis pleins de gravité et de précision, et sa vigilance non moins que sa fermeté, ont puissamment contribué au rétablissement de la ferveur et de la Règle parmi nous. Le nouvel Assistant prenait chaque jour des notes sur les cas difficiles qui se présentaient, et sur les divers articles du Règlement; il consultait assidûment les Supérieurs; il étudiait auprès des anciens Confrères et dans les Archives de Saint-Lazare les vraies traditions de la Compagnie, tâchant d'en renouer la chaîne, d'en inspirer l'amour et de les remettre en pleine vigueur. C'est ainsi qu'il a composé peu à peu le Coutumier de la Maison, et tracé à nos Etudiants la manière d'employer et de sanctifier la journée, conformément à l'esprit de notre sainte Vocation. De plus, il s'est longuement et sérieusement occupé de la revue de nos Constitutions dites *sélectes* ou *choisies*, de la rédaction des Décrets de nos Assemblées-générales, du Recueil des Conférences, Avis, Exhortations et Lettres de Saint-Vincent, et plus tard des Règles des différents Offices. Après sa mort, l'on a trouvé, dans ses papiers, une quantité d'analyses, de remarques et de notes explicatives du plus haut intérêt sur ces différents sujets (1).

Il a été donné à M. Aladel d'assister et de prendre une part principale à plusieurs de nos Assemblées. Dans ces réunions mémorables, l'on a surtout admiré son attachement profond aux maximes, aux usages et aux constitutions

---

(1) Voir Notes et Pièces justificatives.

de la Compagnie, comme aussi son dévouement au succès spirituel de nos œuvres et aux vrais intérêts des Missionnaires. Sa pieuse sollicitude ne s'arrêtait point aux temps présents; elle prévoyait et embrassait l'avenir, pour le bien commun des deux Familles.

Cependant la Congrégation s'élevait et se fortifiait de jour en jour sur les bases solides de la régularité, de l'humilité et de la souffrance. Aussi l'ouragan qui vint bientôt l'assaillir, au lieu de la renverser, ne fit que raffermir ses fondements et révéler sa construction inébranlable. Dans ce temps-là, en effet, la *pluie tomba* avec violence; *les fleuves débordèrent, les vents soufflèrent* de toutes parts, la tempête se précipita *sur la maison; mais elle ne s'écroula point, parce qu'elle était fondée sur la pierre ferme* (1). Les liens de l'indissoluble amitié qui unissaient déjà M. Étienne et M. Aladel se resserrèrent dans les angoisses et les amertumes d'une longue épreuve, soutenue par eux avec force et prudence, et dont l'heureux dénoûment épargna à la petite-Compagnie bien d'autres afflictions. Dans ces jours mauvais, la

---

(1) Et descendit pluvia, et venerunt flumina, et flaverunt venti, et irruerunt in domum illam, et non cecidit; fundata enim erat super petram. (*Matth.* vii, 25.)

lutte fut terrible, et la main de Dieu, qui conduisait et dirigeait les deux amis à travers un dédale d'intrigues et de difficultés, put seule assurer leur triomphe. Ils durent accomplir ensemble une mission de la plus haute importance. Au moment où tout semblait perdu, ils furent désignés pour aller à Rome, et traiter définitivement auprès du Saint-Siége la question de vie ou mort de la petite-Compagnie. La bonté divine les attendait là. La présence des deux envoyés du Seigneur dissipa, comme par enchantement, les préventions et l'opposition qui menaçaient d'entraver tous leurs efforts. Leur attitude calme et sereine, la sincérité véridique de leurs rapports, la piété et la hauteur de leurs vues sur l'action du Clergé en France, et leur courageuse détermination de maintenir pure et intacte l'œuvre de Saint-Vincent, sans aucune altération ni modification, touchèrent leur auguste Juge et furent visiblement bénies du Ciel. Le Souverain-Pontife, Grégoire XVI, de sainte mémoire, éclairé d'une lumière surnaturelle, comprit et apprécia l'Esprit-primitif du Fondateur de la Mission, et, admirant sa haute sagesse dans le plan de nos Constitutions, il applaudit à l'héroïque fermeté avec laquelle les dignes Fils d'un tel Père voulaient conserver religieusement son Institut : aussi son autorité suprême décida de n'y *rien changer*.

Les deux Missionnaires revinrent à Paris, le cœur rempli de joie et de reconnaissance, et comblés des bénédictions apostoliques. M. Aladel garda toujours dans son âme le souvenir ineffaçable de ce qu'il appelait une *merveilleuse intervention* de la Providence en notre faveur. Toujours il considéra ce qui s'était passé au Vatican comme un gage certain de la protection céleste, dont la miséricorde infinie couvre nos deux Familles. Dieu seul sait comment notre pieux Confrère sollicita ce dénoûment : prières humbles et ferventes, neuvaines à la Sainte-Vierge, souffrances et mortifications de tout genre, sacrifices secrets, tout fut offert à cette intention par lui et par les personnes à qui il avait recommandé le succès de cette affaire. Le voyage de Rome avait été effectué en janvier 1843 ; le 19 mars de la même année, fête de S. Joseph, l'honorable M. Poussou, Vicaire-général, envoyait les lettres de convocation de la prochaine Assemblée-générale, et, le 4 août suivant, s'ouvrait pour nous une ère nouvelle de prospérité et de bonheur : M. Étienne était élu Supérieur-général.

A cette nouvelle, l'hymne de la reconnaissance s'éleva de tous les cœurs et de toutes les bouches. L'espérance et l'allégresse éclatèrent de tous côtés. On sentait que la vie allait renaître dans la Congrégation de la Mission et dans la Compagnie des Filles de la Charité. Si nous nous permettons ici ce détail, c'est que les deux existences de M. Étienne, notre très-honoré Père, et du bon Père Aladel, étaient tellement liées l'une à l'autre, que l'on ne peut rappeler la mémoire de celui que nous regrettons, sans y joindre celle du Père que nous avons le bonheur de posséder encore.

Il appartenait à M. Aladel, après la cérémonie de l'élection, d'accompagner à la Maison-Mère des Sœurs le nouvel Esdras, que la divine Providence venait de placer à notre tête. Quel touchant spectacle s'offrit aux regards de la Communauté, au moment où toutes les Sœurs, rangées en ordre, virent apparaître le très-honoré Père, suivi du fidèle ami, devenu son humble et dévoué Fils, traverser les rangs de ses nombreuses Filles attendries, étendant la main avec une émotion visible pour les bénir, et leur exprimant de vive voix les sentiments paternels dont elles avaient déjà reçu tant de témoignages éclatants! Le visage de M. Aladel rayonnait de joie et de confiance. Que de pensées se pressaient alors dans son cœur! Le passé, le présent, l'avenir étaient pour lui un sujet inépuisable d'admiration et d'attendrissement. Il voyait les deux Familles de Saint-Vincent désormais heureuses, et engagées dans la droite voie; il touchait du doigt le prodige que Marie-Immaculée venait d'opérer, en réunissant toutes les volontés dans celle de Dieu, et son âme débordait de reconnaissance. Personne mieux que lui ne pouvait juger de l'excellence du don qui nous était fait. Aussi n'a-t-il point cessé de témoigner à M. le Supérieur-général l'affection la plus tendre et l'attachement le plus sincère, mêlés à tous les sentiments du respect, de la déférence et de la soumission la plus exemplaire. L'esprit de foi, qui était sa vie, l'élevant au-dessus des tendresses d'une amitié toute fraternelle, lui faisait envisager dans le Successeur de Saint-Vincent la personne même de Notre-Seigneur Jésus-Christ (1).

L'un des premiers actes de l'administration de M. Étienne fut de décharger son pieux Confrère de l'office d'*Assistant de la Maison* de Saint-Lazare, afin de l'employer à son gré dans

---

(1) Ipsos (præpositos) in Domino, et Dominum in ipsis attendentes. (*Reg. Com.*, cap. v, § I.)

les retraites données aux Filles de la Charité, dont la Compagnie allait toujours croissant. En effet, on avait pu constater et apprécier la salutaire influence qu'il exerçait sur nos Sœurs confiées à ses soins ; il connaissait à fond l'esprit qui devait les animer, et il avait le talent de le réveiller ou de le communiquer. Aussi les plus heureux résultats répondirent-ils bientôt à l'attente commune.

En 1843 et 1844, M. Aladel reçut le mandat d'aller donner la retraite aux Sœurs des Maisons situées dans les Landes et les Pyrénées. Alors une personne d'élite vint l'entretenir plusieurs fois du projet de fonder une Maison de Missionnaires à Dax, non loin du berceau de Saint-Vincent. C'était la baronne de Lupé, femme d'une vertu éminente, relevée par une modestie admirable, et qui est devenue l'insigne bienfaitrice de la Congrégation. Comme notre Confrère accueillait froidement et avec une sorte d'indifférence apparente la proposition, cette bonne dame lui demanda s'il ne goûtait pas son ouverture ni ses plans. Alors il répondit avec un doux sourire : « Saint-Vincent n'avait pas coutume de témoigner de l'empressement en ces sortes d'affaires, dans la crainte de devancer ou de contrarier les vues de la Providence. Il n'y acquiesçait même, que si la volonté de Dieu se manifestait avec évidence. Quoique bien éloignés de la vertu de notre Bienheureux-Père, nous tâchons cependant de l'imiter en ce point. Voilà pourquoi je vous demande la permission d'examiner soigneusement votre généreux dessein. Puis je vous promets d'en soumettre le rapport exact à M. le Supérieur-général, dont alors la décision indiquera la volonté de Notre-Seigneur. » La digne dame, frappée de tant de sagesse et de désintéressement, se sentit plus fortement portée à cette fondation. M. Etienne l'approuva. Il devait même la compléter avec une ampleur de proportions que Mme de Lupé n'aurait jamais osé concevoir. Et ainsi commença la Maison de Mission de Dax, laquelle prépara et put faire présager l'autre fondation exécutée vingt ans plus tard. Nous voulons parler de la Maison, dite *Berceau de Saint-Vincent*, située à quelques kilomètres de là, près du hameau même sanctifié par la naissance du Fondateur de la Congrégation de la Mission et des Filles de la Charité. Ce magnifique établissement qui, autour de la belle chapelle élevée à la mémoire du Saint, offre comme un spécimen ou modèle abrégé de toutes les œuvres de la charité pratique, est la réalisation d'une pensée de son Successeur actuel, M. Etienne, qui, le 24 avril 1864, en fit l'inauguration solennelle, au milieu d'un concours extraordinaire de Missionnaires et de Filles de la Charité. Cette création fut une des principales consolations ménagées aux derniers jours de M. Aladel.

Les retraites données par lui dans les Pyrénées renouvelaient, chaque année, les pieuses émotions de son pèlerinage à ce Berceau vénéré et bien-aimé. Il en revenait tout embaumé du parfum des vertus et embrasé du zèle de notre Saint-Fondateur.

Dans le courant de 1844, une autre faveur bien douce réjouit le cœur de l'humble Missionnaire. Une jeune demoiselle russe, d'une haute naissance, mais née dans le schisme grec, avait témoigné à une Sœur de la Charité le désir de visiter la chapelle où, disait-elle, *était apparue la Vierge aux rayons glorieux.* L'étrangère était curieuse aussi de connaître les détails de ce prodige. La bonne Sœur, autorisée à la recevoir et à la conduire dans ce sanctuaire béni, convint d'abord avec elle du jour de la visite; puis, connaissant le crédit de M. Aladel près de la Sainte-Vierge, elle le prévint de cette belle occasion si favorable à l'exercice de son zèle.

Notre Confrère, qui aimait à *bien* faire le bien, comme le recommande Saint-Vincent, consulta, et, fort de l'approbation reçue, accompagna dans sa visite la jeune personne, venue en compagnie de quelques parentes et amies. Il les intéressa vivement par ses récits, et leur témoigna une bienveillance charitable qui les mit fort à l'aise, et leur permit de lui adresser toutes les questions qui les préoccupaient. Ses paroles, pleines de délicatesse et d'onction, produisirent, dès le premier entretien, la plus heureuse impression sur ces âmes droites, et il fut convenu, ce jour-là, qu'on se réunirait de nouveau, de temps en temps, pour les explications demandées sur les notes ou caractères de la véritable Église. Ces personnes avaient accepté avec reconnaissance une médaille bénite de l'Immaculée-Conception.

La grâce, qui déjà touchait ces cœurs, leur démontra bientôt que la doctrine catholique était la plus raisonnable et la plus sûre. Le travail intérieur avançait rapidement et la volonté était presque gagnée. L'affaire marchait donc à merveille, et le jour tant désiré de l'abjuration avait été fixé à la fête de l'Ascension. Le lieu choisi était la chapelle même de la Communauté. Mais survint tout à coup une de ces oppositions ou difficultés que l'esprit du mal ne manque jamais de jeter à la traverse des œuvres de Dieu : la mère de la jeune personne, fortement attachée au schisme grec, avait conçu quelque soupçon sur ces visites fréquentes faites aux Sœurs, et elle se résolut à quitter immédiatement la France avec toute sa famille. Comment exprimer alors la désolation et la déception cruelle de celle qui, comme le cerf altéré, recherchait les eaux vives de la vérité et de la grâce; qui, déjà catholique de désir, appelait par ses prières et ses soupirs l'heure où elle appartiendrait définitivement à l'unique Église de Jésus-Christ! La séparation et l'éloignement ne changèrent point sa volonté, ni n'ébranlèrent point sa confiance; elle continua d'écrire à M. Aladel, dont les réponses sages et fortifiantes venaient fort à propos relever et soutenir son courage au milieu des continuelles épreuves qu'elle avait à subir. Entre autres, le père du mensonge la mit en rapport avec un prêtre grec, très-versé dans toutes les subtilités de l'hérésie et capable de séduire les esprits les plus fermes. Ce faux docteur savait donner à la prétendue religion *orthodoxe* les couleurs les plus décevantes et les plus capables d'ébranler dans une âme les convictions de la vérité. Les dogmes principalement attaqués par lui étaient ceux du Saint-Esprit procédant du Fils, *Filioque*, de la primauté de S. Pierre et des Pontifes romains, ses Successeurs. Il appuyait, disait-il, ses assertions sur l'autorité de S. Athanase. M. Aladel fit directement lui-même, ou par d'autres, des recherches approfondies dans les ouvrages de cet illustre Docteur, et à l'aide de ces documents, il envoya à sa fille spirituelle la réfutation nette et péremptoire des difficultés proposées, si bien qu'elles s'évanouirent peu à peu de son esprit, et qu'elle retrouva, avec la pure lumière de la foi, le calme et la confiance. « Je me tiens, dit-elle dans une de ses lettres, aussi étroitement unie à la Très-Sainte Vierge que mon état d'insensibilité et de misère le permet ; étant entièrement convaincue qu'elle est ma seule sauvegarde et mon seul bouclier, et qu'elle désarmera l'ennemi. Je suis très-consolée de penser que l'on prie pour moi et bien reconnaissante... Oh! quand serai-je catholique de fait? » Bientôt sa mère, principal obstacle à sa conversion, tomba dangereusement malade. Elle reçut des mains de sa fille bien-aimée la Médaille de la Sainte-Vierge, et ses sentiments de résignation chrétienne, manifestés par ses dernières paroles, donnent tout lieu d'espérer qu'elle est morte avec la bonne foi qui sauve. Ce coup terrible qui frappa la jeune personne, ne fit que réveiller, dans son affliction même, le désir d'embrasser le Catholicisme. De plus en plus elle se sentait intérieurement attirée vers la Sainte-Église romaine. La liberté plus grande dont elle jouissait, lui permit une correspondance plus fréquente avec l'ange terrestre qui la dirigeait dans les voies du salut; aussi se préparait-elle, chaque jour, avec plus de soin et de zèle à cet acte capital et décisif de sa vie. Enfin, le beau jour de l'Assomption de 1844 mit le comble à ses vœux : la jeune schismatique faisait son abjuration solennelle, dans l'église des Pères Jésuites, à Venise. Laissons-la épancher elle-même ses sentiments d'allégresse et de reconnaissance dans la lettre suivante adressée à ses amis de Paris :

« Venise, 15 août, saint jour de l'Assomption 1844.

« O date à jamais mémorable pour moi! Réjouissez-vous, mes amis, mes chers amis, et mes *sœurs* chéries!... Oui, je puis vous nommer ainsi, car je suis catholique!... Mes amies, mon P. Aladel, mes bonnes Sœurs de la rue du Bac, vous tous enfin que Dieu et la Sainte-

Vierge ont chargés de veiller sur moi, réjouissez-vous aujourd'hui, car vous êtes exaucés !... Je suis heureuse enfin, oui, heureuse d'être rentrée au bercail, mais triste d'en être tellement indigne ! Ce matin, quel jour glorieux pour moi ! à huit heures et demie, j'ai abjuré le schisme... Pouvez-vous concevoir que Dieu m'ait fait cette grâce ? Oh ! oui, vous le concevez bien, car vous avez, hélas ! une trop bonne idée de moi. Mais moi, qui sens ce que je vaux, combien je suis misérable et ingrate, je ne puis comprendre une si grande miséricorde... Ah ! mes amis, quel souvenir je conserverai de ce beau jour plus tard !... Non, je ne suis pas assez reconnaissante aujourd'hui... Mais Dieu a eu et aura encore pitié de moi.

« Comment vous remercier, vous tous à qui je dois mon bonheur ? Que ne puis-je me transporter à Paris ! Ah ! combien je suis indigne de cette grâce !... Aujourd'hui surtout, combien la Sainte-Vierge a été bonne !... Les circonstances ont toujours reculé ma conversion jusqu'à ce jour, exclusivement consacré à Marie. Ah ! puisse-t-elle me protéger toute ma vie, comme en ce jour de sa glorieuse Assomption !

« Je suis entourée et surveillée ; je ne puis vous en dire davantage. J'ai voulu seulement vous annoncer mon bonheur d'aujourd'hui. Je vais écrire à M. Aladel. Remerciez tous le bon Dieu pour moi. »

Cependant elle n'avait pas encore vidé le calice d'amertumes : la nouvelle Catholique avait encore à traverser après son abjuration de terribles épreuves, que les conseils et les prières de son directeur lui aplanirent, et sur lesquelles Dieu daigna verser du haut du Ciel ses plus suaves consolations. Elle eut la joie de voir sa sœur, imitant son exemple, renoncer aussi à l'erreur photienne pour s'attacher à la vraie et unique Église de Jésus-Christ. Bientôt un goût très-prononcé pour la vie de communauté la détacha du monde, la remplit de mépris pour ses vanités et inclina son cœur vers les œuvres et la Communauté des Filles de la Charité. M. Aladel, qui l'aidait à étudier sa vocation, crut en reconnaître chez elle les signes certains, et, s'appliquant à lever tous les obstacles, il la prépara par la continuation de ses conseils et de sa direction à l'entier accomplissement de la volonté de Dieu. Elle eut donc bientôt le bonheur d'être admise au nombre des Filles de Saint-Vincent, et aujourd'hui elle exerce leurs œuvres de charité avec fruit et bénédiction.

Ce beau triomphe de la grâce a été suivi de beaucoup d'autres, que nous ne pouvons tous enregistrer ici. Dans un si vaste champ, nous ne faisons que glaner en quelque sorte; aussi nous bornerons-nous à relater les autres faits suivants et analogues qui serviront à mieux prouver l'ascendant et le mérite de la vertu tout apostolique de M. Aladel.

Pendant un temps, il avait été chargé de confesser les Sœurs de l'hospice de Marie-Thérèse, dans Paris. Comme elles avaient eu plusieurs fois l'occasion de constater sa puissance surnaturelle pour les âmes, elles recommandèrent à sa charité une famille protestante, composée de la mère et de trois jeunes filles. L'homme de Dieu commença, selon sa pieuse habitude, à prier et à consulter Dieu, surtout au saint Sacrifice. Puis, ayant été d'abord écouté favorablement par la fille aînée, âgée d'environ dix-sept ans, il réussit par son intermédiaire à se mettre en rapport avec la mère, que ses habitudes et des préjugés invétérés attachaient fortement à sa secte. Bientôt sa fille la détermina à suivre les instructions qu'elle recevait du Missionnaire. Mais la mère ne venait pas d'abord comme néophyte; au contraire, elle entretenait le secret espoir de le confondre par ses raisonnements et de le convaincre qu'il était lui-même dans l'erreur. Quelle ne fut pas son étonnement de voir, à la parole du Missionnaire, tous ses préjugés tomber, comme autrefois l'enceinte de Jéricho au son des trompettes d'Israël, et ses objections pulvérisées les unes après les autres! Les Sœurs, qui secondaient admirablement le zèle de leur digne Père, remarquaient avec allégresse les progrès sensibles de la grâce dans ces âmes égarées. Ils furent si rapides que, dans peu de temps, les néophytes se préparaient à une abjuration solennelle de leur fausse croyance. M. Aladel voulut présider cette belle cérémonie, qui s'accomplit avec une édification touchante dans la chapelle de l'Hospice. Il prononça alors une allocution dont le souvenir s'est perpétué et qui produisit une impression profonde sur tout l'auditoire. Les quatre converties sont devenues de ferventes Catholiques. L'aînée a reçu le double bienfait de la foi et de la vocation religieuse. Par la direction et la sollicitude paternelle de notre Confrère, elle a été admise à la Visitation, où elle s'est constamment montrée vraie Fille de S. François de Sales. Le sentiment d'une piété toute filiale a retenu les deux autres près de leur mère, qu'elles ont entourée des soins de leur tendresse et de leur dévouement jusqu'à son dernier soupir.

Cette même infirmerie de Marie-Thérèse avait recueilli une vieille Religieuse, triste débris de la grande Révolution. Elle touchait à sa fin, et ne voulait point entendre parler de Religion et de Sacrements. Insinuations pieuses et amicales, avertissements sérieux, exhortations pressantes, rien ne pouvait l'émouvoir ni la porter à un retour devenu si urgent et si nécessaire. Nul spectacle plus affreux et plus désolant que la cécité et l'endurcissement de cette âme ! On en parle à M. Aladel, qui prie et fait prier pour elle, déclarant que l'on ne doit point en désespérer, malgré les apparences d'une invincible obstination. « Il faut, ajoute-t-il, essayer et épuiser tous les moyens de persuasion pour enlever à Satan sa proie. » Il se fait annoncer doucement à elle, et se présente en lui témoignant le plus vif intérêt. Aux conseils il mêle les encouragements et de tendres reproches... La malade se raidit et résiste; elle va même jusqu'à se railler de l'ingénuité et de l'inexpérience du Missionnaire, protestant qu'elle ne veut avoir aucun rapport avec lui. Le ministre de Jésus-Christ, qui voit que le temps presse, tente un dernier effort, inspiré par sa charité, sur cette âme rachetée du sang d'un Dieu et près de tomber entre ses mains vengeresses. Alors, comme éclairé d'en haut, il lui demande si elle consent à l'écouter seul, un instant, l'assurant qu'il connaît déjà la cause qui l'empêche de se réconcilier avec Dieu. La mourante, stupéfaite, hésite et y consent. A peine le vertueux Prêtre a-t-il prononcé quelques mots, que, troublée et vaincue par le témoignage de sa conscience, elle s'écrie : « Ah! Monsieur l'abbé, comment avez-vous pu deviner cela?... Comme vous avez bien mis le doigt sur la plaie!... C'est à vous qu'il appartient de la guérir... Achevez ma confession. » Le prodige de la miséricorde s'accomplissait; le démon était vaincu, et les anges célébraient dans le Ciel le retour de la brebis si longtemps égarée, mais ramenée au port du salut.

Une jeune dame anglaise, récemment convertie et fervente comme le sont d'ordinaire ces âmes, conquêtes nouvelles de la foi, était préoccupée d'un unique et violent désir, celui de communiquer les joies saintes et délicieuses qui inondaient son âme à l'époux, son compagnon fidèle dans la vie. Depuis que la lumière céleste l'avait éclairée, et qu'elle avait goûté le don de Dieu, elle aurait volontiers tout sacrifié mille fois, pour obtenir cette faveur insigne. Étant venue à Paris et ayant eu l'occasion de connaître les Filles de la Charité, elle fut conduite par ses rapports avec elles à des confidences qui lui permirent d'ouvrir son cœur. Celles-ci eurent à leur tour l'heureuse pensée de lui parler de M. Aladel et des bénédictions particulières qui couronnaient son zèle. Aussitôt l'on convient d'une entrevue avec lui, sans que le mari, qui en était le principal objet, se doutât du piége charitable qui lui était tendu. Le prétexte mis en avant fut une visite à la Maison-Mère des Sœurs de la Charité. La jeune dame y conduit son mari, à qui l'on propose une promenade dans le jardin, où l'attendait le bon Père. La Sœur qui accompagnait les étrangers l'aborda, comme pour lui présenter naturellement les visiteurs. La conversation s'engage ; le Missionnaire s'entretient de préférence avec le mari, encore engagé dans l'erreur de l'anglicanisme. La Sœur et la dame s'écartent pour faciliter l'entretien, qui se prolongea et fut béni de Dieu. Un rayon de grâce pénétra dans l'âme du jeune Anglais. Il entrevit pour la première fois la beauté, la simplicité et la grandeur de la doctrine catholique. Les difficultés qui jusque-là avaient embarrassé son esprit se dissipèrent devant l'exposé pur et simple de la vérité... Il avait trouvé la *vie* et le *salut*... Quelques jours après, il comblait les vœux de tous ses amis par un généreux retour à la foi. Sa conversion a été complète et admirable, et sa vie est devenue des plus édifiantes. Chaque jour, il est fidèle à la pratique de la méditation, de la visite au Saint-Sacrement et de la lecture spirituelle. En outre, adonné à toutes les bonnes œuvres de la charité active, il exerce autour de lui l'influence d'un véritable apostolat.

C'est à la même époque que nous pouvons rapporter une autre conversion non moins touchante, celle d'une de nos Sœurs de la Charité, qui, depuis plus de trente années, fait bénir le nom catholique dans la Mission de Smyrne, par les établissements qu'elle y a conservés et ajoutés, soit pour l'instruction de l'enfance, soit pour le soulagement des malades. Laissons ladite Sœur N... raconter elle-même le fait, dans la réponse à des questions qui lui avaient été posées à ce sujet.

Aïdine (ville asiatique dépendante du gouvernement de Smyrne) le 18 septembre 1872.

« Un de mes frères avait épousé une demoiselle protestante, que je désirais vivement voir catholique. Mais il habitait New-York, et par conséquent je n'avais d'autre moyen que la correspondance; encore ne voulais-je rien brusquer en abordant une question si délicate.

« Mes premiers pas dans la vie de Communauté furent dirigés par ce vénéré M. Aladel, auquel je parlais de mes désirs.

« L'idée me vint alors de placer une médaille sous le cachet d'une de mes lettres, en engageant ma belle-sœur à la porter, ce qu'elle accepta. Quelque temps après, mon frère amena sa jeune épouse à Paris, où je me trouvais encore.

« Une maladie très-grave avait fait craindre que ma famille ne me retrouvât plus, et le bon P. Aladel me faisait demander la prolongation de mes jours jusqu'à l'arrivée.

« Je mis aussitôt les nouveaux venus en relation avec M. Aladel, qui, comme un véritable apôtre, se prêta, se donna, se faisant *tout à tous* pour gagner ces âmes à la vérité. Sa confiance, son ardent amour pour Marie ne tardèrent pas à être couronnés d'un plein succès.

« Ma belle-sœur fut vivement frappée de la sagesse de notre Missionnaire; sa douce condescendance à lui rendre visite à l'hôtel, à l'entretenir de notre sainte Religion, ouvrirent son âme à la confiance. Le séjour à Paris devait être fort court, et l'action de la grâce bien prompte, pour éclairer et convertir la brebis égarée.

« Ma belle-sœur ne tarda pas à se prononcer pour embrasser le Catholicisme, et M. Aladel commença à l'instruire. J'assistais à ces pieux entretiens tenus à la Communauté. Tout y respirait le zèle le plus éclairé, comme la charité la plus ardente. Ma famille invita un jour ce digne Père à dîner avec elle à l'hôtel, ce qui fut accepté. M. Aladel me dit à cette occasion : « Je me rends « à cette demande, et je suis tout disposé à être « même un *peu irrégulier*, car je ne voudrais « point donner un refus. » Sûrement Saint-Vincent bénissait du haut du Ciel toutes les ingénieuses démarches de ce grand cœur, et jamais il ne se montra plus digne d'être son enfant.

« Selon le bon M. Aladel, l'âme était on ne peut mieux disposée, et la vérité y pénétrait sans effort. Ah ! c'est que Marie-Immaculée était là, toujours invoquée avec la plus grande ferveur; c'est elle qui préparait les voies et aplanissait les obstacles.

« Ayant achevé le cours des instructions, M. Aladel se souvint d'avoir oublié de traiter une vérité, à savoir le culte que nous rendons à Marie et aux Saints.

« Que me répondrez-vous, » dit-il à ma « belle-sœur, quand je vous expliquerai cette « croyance de notre sainte Religion? — Il n'y a, « répondit subitement la néophyte, » qu'une « réponse à faire, c'est que je suis tout à fait « catholique, que je crois et accepte de grand « cœur toutes les vérités. » Le bon M. Aladel, ravi de voir cette âme déjà si affermie dans la foi, me disait que « quand il vivrait cent ans, il ne l'oublierait jamais. »

« Ayant achevé sa confession, ma belle-sœur fut préparée à la réception de la Sainte-Eucharistie.

« Rien de beau, de touchant comme la fête qui se fit à cette occasion. Tout le Séminaire fut réuni à la chapelle; M. Aladel y débordait de la joie la plus vive, et ses brûlantes paroles firent couler bien des larmes. C'était tout un avenir préparé à une génération devenue catholique.

« Ma belle-sœur avait amené avec elle une jeune sœur de quatorze ans, qui devait rentrer plus tard aussi dans le sein de l'Église. Les premières impressions furent reçues à Paris, et en Amérique se fit l'abjuration.

« Le bon M. Aladel ne quitta pas la jeune

convertie dans la belle journée de sa première union avec Jésus.

« Le lendemain, il la conduisit lui-même avec le reste de la famille, chez le vénérable Mgr de Quélen pour la faire confirmer. Là encore une abondance de nouvelles grâces inondèrent l'heureuse femme. Jusqu'au jour arrêté pour le départ, M. Aladel se montra l'ami dévoué et sincère ; aussi je ne saurais rendre l'attachement plein de reconnaissance que lui voua ma famille. Aujourd'hui encore son souvenir, comme celui d'un Saint, dont la protection est réclamée, est profondément imprimé dans nos cœurs.

« Je devrais ajouter bien d'autres choses, mais voici le départ du courrier. On me presse, on m'interrompt à chaque minute ; car ma lettre, commencée dans le calme et silencieux établissement d'Aïdine, se termine dans la bruyante ville de Smyrne. »

CHAPITRE IV.

M. ALADEL DIRECTEUR DES FILLES DE LA CHARITÉ ET DE L'ASSOCIATION DES ENFANTS DE MARIE.

Suivons maintenant le Missionnaire sur un autre théâtre, où il va se dépenser et se consumer pour la gloire de Dieu et de Saint-Vincent.
M. Grappin, Directeur des Filles de la Charité, venait de mourir dans le cours de l'année 1846, plein de jours et de mérites. M. Étienne, après avoir beaucoup prié et réfléchi devant Dieu, se sentit intérieurement pressé, pendant la célébration de l'auguste sacrifice de la Messe, de lui donner M. Aladel pour successeur. Il voulut le présenter lui-même à la Communauté, réunie à cet effet dans la chapelle, le jour de la Présentation de la Sainte-Vierge. C'est sous les auspices, et, nous n'en doutons point, par une disposition spéciale de Marie-Immaculée, que ce zélé serviteur prit la direction de sa Famille privilégiée. L'exhortation touchante que M. le

Supérieur-général adressa dans cette circonstance aux Sœurs de la Charité, pénétra les cœurs de reconnaissance, en révélant toute la délicatesse du sien. Le premier soin du nouveau Directeur fut de s'humilier profondément devant le Seigneur, et de se recommander avec instances à la protection de son Immaculée-Mère. Il résolut de s'associer plus intimement aux vues surnaturelles de son chef et Père, pour tendre ensemble et avec subordination à la même fin, en travaillant à renouveler la Communauté dans l'esprit de sa vocation, et à la ramener aux beaux jours où Saint-Vincent l'établissait sur les bases solides, qui la soutiennent dans toutes les luttes et la prémunissent contre tous les dangers.

« Quant à notre digne M. Aladel, disait déjà de lui l'une des Sœurs, le signal de la Règle le trouvait toujours prêt, soit à la prière, soit au travail, ou au sacrifice. Partout où l'appelait le devoir, on l'y rencontrait à l'heure, à la minute. Et comment le remplissait-il? Nous qui l'avons vu, qui l'avons suivi chaque jour, que n'aurions-nous pas à dire de l'esprit véritable de Saint-Vincent dont il était rempli, de la perfection de ses sentiments et de ses actes, de l'entier oubli et mépris de soi-même, de sa discrétion et de sa délicatesse, de son attachement fort et invariable à tout ce qui pouvait procurer la plus grande gloire de Dieu et notre plus grand bien. La Communauté entière devrait ici prendre la parole pour rendre témoignage à la charité et au zèle, à l'esprit de foi et de piété, au parfait désintéressement, à la sagesse, à l'humilité, au dévouement généreux et constant, en un mot, à toutes les vertus apostoliques qui l'ont animé, soutenu et sanctifié, dans un office aussi important et aussi méritoire, et qui ont répandu tant de bénédictions, durant sa vie, et laissé un si doux parfum après sa mort. Pendant l'espace de dix-neuf ans, le serviteur de Dieu, qui ne s'était pas épargné jusque-là, et auquel notre double Famille avait déjà tant d'obligations, a semblé n'avoir de forces, de voix et d'action que pour les consacrer à sa prospérité et à son bonheur. »

Avec ses visites quotidiennes à la Maison-Mère des Sœurs, le feu de la ferveur se ralluma, la régularité s'accrut, et les grâces du Ciel y descendirent en plus grande abondance. Exercices de piété et saintes pratiques en rapport avec l'esprit et les obligations de l'état, formules de prières, offices divins, instructions, conférences, tout fut complété et réglé. Les pieux usages des temps primitifs y furent étudiés à fond et remis en honneur, pour se répandre de là dans toutes les Maisons particulières. Les conférences, les lettres et recommandations de notre Saint-Fondateur, recueillies avec un respect filial et religieux, furent imprimées, lithographiées ou copiées ; les pratiques anciennes furent renouvelées successivement et en temps convenable, puis communiquées aux autres membres de la grande Famille répandue dans l'univers, parmi lesquels elles se perpétuent.

Le sage Directeur ne s'attachait pas exclusivement à la lettre des pratiques et des prescriptions de Saint-Vincent : c'était surtout leur esprit qu'il s'efforçait de communiquer aux Filles de la Charité. Ses lumières surnaturelles ont dirigé sûrement une multitude d'âmes, éclairé bien des difficultés, dissipé beaucoup d'illusions et donné abondamment l'intelligence et l'amour des choses de Dieu. A ce foyer de charité que de cœurs réchauffés, soulagés et consolés ! que d'inquiétudes ou de peines intérieures aussitôt évanouies que découvertes ! que de tentations déjouées et repoussées ! A cette école de l'humilité et de la simplicité, que d'infirmités spirituelles habilement traitées, radicalement guéries ! Que de vocations reconnues, affermies et assurées ! Que de personnes réveillées dans leur assoupissement, soutenues dans le combat, sanctifiées et sauvées par la victoire !

M. Aladel ne redoutait rien tant pour les Sœurs que les vaines satisfactions de l'amour-propre. Aussi appréhendait-il devant Dieu l'admiration et les louanges dont elles étaient l'objet, et prenait-il les moyens les plus propres à les tenir dans la sainte humilité. Tout en les encourageant et même en les fortifiant dans le service de Notre-Seigneur et des pauvres, il ne se lassait point de combattre en elles les tendances et les sentiments de la nature, ni de les aider, de la manière la plus assidue et la plus efficace, à *extirper* les défauts et les imperfections auxquels l'infirmité humaine nous rend sujets. *Le Père des lumières* lui avait accordé le don de pénétrer bien avant dans l'intérieur des consciences, de discerner tous les mouvements naturels et surnaturels, de détacher les cœurs des choses de la terre, de les tourner vers le Ciel et de les fixer en Celui qui peut seul rassasier leurs désirs. Il savait encore accepter les conseils et les reproches, comme aussi faire aimer la vertu, la croix, les humiliations, les détails pratiques de l'obéissance et la fidélité constante dans la vocation. La grâce de la vocation lui apparaissait si précieuse, si sublime et si importante, qu'il a mis tous ses soins à la cultiver et perfectionner dans les âmes ferventes, à la ménager et soutenir dans les faibles, à en prévenir et détourner la perte ou l'abandon, dans une multitude de jeunes Sœurs effrayées des difficultés du début et des épreuves des premières années. Que de faibles filles ont été éclairées de la sorte et portées par ses pieuses et solides exhortations à prendre une détermination généreuse, et à répondre dignement aux desseins de la bonté infinie! Il avait une puissance étonnante pour convaincre, pour attirer à Notre-Seigneur, pour inspirer la vraie dévotion, pour lancer et fortifier les âmes dans la voie de la perfection chrétienne et religieuse, sans jamais les égarer, insistant sur un point particulier, la correction du défaut dominant, et faisant tout converger de ce côté-là. Voilà ce qu'ont expérimenté les personnes qu'il a dirigées, soit habituellement, soit par occasion.

Le puissant levier dont il s'est servi pour favoriser et accomplir le parfait renouvellement des Sœurs dans l'esprit et la règle de leur

Institut, a été le véritable amour et l'imitation fidèle de Jésus, de Marie-Immaculée et de Saint-Vincent. Jésus, Marie, Saint-Vincent revenaient sans cesse et à propos dans ses instructions et ses avis. Il ne négligeait rien pour rendre leurs fêtes solennelles et édifiantes, les faisant précéder et accompagner de prières, de neuvaines et autres touchants exercices, qui sont encore en vigueur et qu'il présentait comme une source précieuse de rénovation spirituelle.

Le Mois de Marie, comme tout ce qui avait rapport à la Sainte-Vierge, était l'objet spécial de son affection et de son zèle. Il ne se proposait rien, il ne disait rien, il n'exécutait rien sans le mettre sous l'auguste protection de la Mère de Dieu, sans recommander aux Sœurs de placer en elle toute leur confiance, de la prendre pour leur Avocate miséricordieuse, leur médiatrice souveraine, leur consolation, leur Refuge et le modèle parfait de toutes les vertus, particulièrement de celles qui constituent l'Esprit de leur état. Que de fois n'a-t-il pas fait ressortir les rapports frappants qui existent entre la vocation céleste de la Sainte-Vierge et celle des Sœurs, le ministère tout divin qu'elle a exercé et qu'elle continue d'exercer dans le plan de la Providence, et les œuvres de charité spirituelle et corporelle que les Filles de Saint-Vincent doivent accomplir dans leurs divers offices! Mais il les ramenait principalement à la pureté de cœur et d'intention, aux sentiments surnaturels, à la ferveur, à la sage modération, au renoncement à soi-même et au dévouement à Notre-Seigneur, à l'amour de la vie cachée et de la Croix, au recueillement et à la douceur, au calme et à la persévérance, vertus avec lesquelles l'Immaculée-Marie a sanctifié toute sa vie et rempli divinement toutes ses fonctions.

Comme nous l'avons remarqué, ce vénéré Confrère voyait dans le Supérieur-général le représentant de Jésus-Christ et le Successeur de Saint-Vincent. Rien de plus touchant que l'accord et l'harmonie qui ont toujours régné entre M. Étienne et M. Aladel : celui-ci était-il interrogé, il exposait avec simplicité ce qu'il pensait, et ensuite son obéissance suivait fidèlement les dispositions et même les intentions du Supérieur. Avec quel ensemble et quel succès ils ont travaillé à restaurer l'édifice de la charité, et à y faire revivre et régner l'esprit qui avait présidé à sa fondation! Ces deux cœurs avaient la même manière de sentir et de décider. Dieu les avait tellement unis et remplis de la même grâce, que consulter l'un c'était connaître les vues ou les pensées de l'autre ; aussi n'a-t-on jamais remarqué la moindre divergence notable dans les avis qu'ils donnaient ou les mesures qu'ils prenaient. Toute l'action de l'humble Missionnaire tendait à fortifier et à faire bénir l'obéissance. Nommé Admoniteur du Supérieur-général par l'Assemblée sexennale de 1857, il s'est acquitté de cet office capital avec une grande simplicité, une respectueuse liberté et un entier dévouement.

Les dix-neuf années qu'il exerça la lourde charge de Directeur avec tant d'édification, de renoncement et de courage, malgré de continuelles souffrances, s'écoulèrent sous les triennats des Mères-générales des Filles de la Charité, les Sœurs Mazin, Monscellet et Devos. Chacune d'elles a été témoin de son assiduité exemplaire, de son zèle prudent et fort, de son application à maintenir la régularité, la piété, l'humilité, le détachement, l'amour de l'ordre et de l'autorité. Les Communautés même les plus saintes ne peuvent être à l'abri de petits mécontentements et de certains malaises. Dans ces sortes d'occasions, le sage Directeur était admirable. Il avait le talent de rétablir au fond des cœurs le calme et la sérénité, de répandre la paix et la suavité du Saint-Esprit dans les âmes, comme aussi de leur imprimer un profond respect pour les dépositaires de l'autorité. Il discernait avec un tact exquis et indiquait avec un sens très-judicieux et surnaturel la manière de se conduire à leur égard pour le bien commun, la perfection particulière et le succès des œuvres. S'il y avait des esprits ombrageux et difficiles, il lui suffisait de les écouter, puis de les entretenir, et presque toujours il savait en tirer un excellent parti, réussissant à les guérir et à les engager dans la bonne voie. On l'a vu prendre constamment le parti des Supérieurs, et tout en gardant la plus exacte justice, il se montrait sévère à l'égard de quiconque oubliait les devoirs de l'obéissance et de la subordination. C'est qu'il considérait l'autorité avec les yeux de la foi, et qu'il s'était habitué à ne voir que Dieu dans celles et ceux qui en sont revêtus. Il faisait apprécier aux inférieurs le bonheur de n'avoir qu'à obéir, sans responsabilité de leur part et avec un surcroît de mérite.

Il y aurait ici à relater des traits nombreux de sa charité non-seulement à l'égard des Sœurs, mais encore pour tout ce qui se rattachait de près ou de loin aux véritables intérêts de la

Communauté. Ce que nous pouvons affirmer hautement, c'est que l'exemple frappant et continuel de son esprit d'abnégation et de désintéressement, de son humilité profonde et de ses autres vertus a été plus efficace et a fait encore plus de bien que ses prédications, ses exhortations et ses conseils. Il paraissait, en effet, dans son langage, dans ses sentiments et dans ses actes, si fervent, si détaché de la terre, si éloigné de la nature ou des recherches de l'amour-propre, si dégagé de lui-même, qu'on ne pouvait se défendre de le regarder comme un homme de Dieu, dont on subissait volontiers l'heureuse influence et l'entraînement vers l'amour et la pratique de la perfection. Si l'on pouvait lui reprocher quelque chose, ce serait d'avoir été trop dur, trop inexorable envers lui-même, d'avoir contribué par ses pieux excès à la ruine de sa santé et à l'anéantissement de ses forces. Épuisé de travail et de mortifications, il ne retrouvait de vie que dans son courage et le désir de se consumer sans relâche au service de Notre-Seigneur, jusqu'à son dernier soupir, et c'est bien ce qu'il a mis en pratique.

Comme le vénéré Directeur ne pouvait suffire à toute sa tâche ni y consacrer tous les soins désirables, il dut se borner ; c'est pourquoi il s'attacha spécialement à former selon l'esprit de Saint-Vincent les jeunes Sœurs du Séminaire. Aussi n'ont-elles pas oublié la bonté infatigable qui lui conciliait tous les cœurs, et leur témoignait l'intérêt le plus pur, avec autant d'abandon que de dignité. Elles admiraient ses vues lumineuses, son coup d'œil assuré, ses conseils puisés à la source de la sainteté, la puissance de ses encouragements, l'onction touchante de ses remontrances, sa piété douce et ferme, la justesse de ses prévisions, la prudence de toutes ses mesures. Elles conservent toutes le consolant souvenir de ses leçons journalières, ainsi que des traits de sa charité inépuisable et vraiment paternelle. La force de sa direction pleine de simplicité consistait à bien discerner les desseins de Dieu sur chacune de ces âmes choisies, puis à en favoriser et à en assurer l'entier accomplissement par le désir de la perfection qu'il leur inspirait et par l'Esprit-primitif de Saint-Vincent qu'il leur communiquait.

Nous en verrons les détails dans la deuxième partie qui traite de ses vertus : ce que nous devons signaler ici et proclamer dès à présent, c'est le zèle affectueux et admirable que ce grand serviteur de la Mère de Dieu fit éclater dans la formation de l'Association des Enfants de Marie et dans la direction qu'il leur donna par ses sages règlements.

Il ne suffisait pas à la tendre dévotion de M. Aladel pour la Sainte-Vierge d'avoir été le principal propagateur de sa Médaille, dite *miraculeuse*, et d'avoir ainsi dans le principe coopéré à tous les prodiges et participé à toutes les grâces, qui, comme un fleuve bienfaisant divisé en mille et mille canaux, ont ensuite ravivé la foi et porté la ferveur et l'édification dans le vaste champ de l'Église. Assurément sa propre piété, depuis cette manifestation nouvelle du pouvoir miséricordieux de Marie, n'avait point cessé d'être réjouie et consolée par tous les traits innombrables de faveur ou de protection, dont une très-minime partie seulement a été enregistrée dans l'ouvrage, déjà mentionné, qu'il composa, à cette occasion, sous le titre de *Notice historique sur l'origine et les effets de la nouvelle Médaille*, sorte d'appendice aux *Gloires de Marie* par S. Alphonse de Liguori. Mais le zélé Missionnaire aspirait à un résultat général plus pratique, en attirant la jeunesse au culte de Marie et en la préservant de la corruption du monde. Il songeait surtout à protéger l'innocence des jeunes filles des écoles, au moment où, terminant leur éducation, elles sont réunies dans les ouvroirs, pour s'exercer et se former aux travaux à l'aiguille ; art ou industrie qui doit être la principale ressource de leur avenir.

Or le nombre de ces ouvroirs dirigés par des Filles de la Charité s'était beaucoup multiplié dans Paris et dans les autres villes, depuis une quinzaine d'années. L'on comprenait la nécessité d'assurer la conservation et même le développement de cette œuvre importante par un Règlement religieux et uniforme, qui en serait comme l'âme et la vie. La Providence avait préparé dans M. Aladel le législateur et le directeur de ces intéressantes Associations. En conséquence il en rédigea les Statuts, dont la simplicité, la sagesse et la piété contribuent à rendre plus facile et plus aimable le culte de l'auguste Vierge, à l'honneur de qui ils ont été composés. Tout y a été prévu : âge et dispositions des aspirantes, temps qui limite leur épreuve, condition de l'admission ou de l'exclusion, manière de tenir les Assemblées et d'élire les dignitaires préposées à l'Association, vertus qui doivent distinguer ses membres, fêtes particulièrement réservées, indulgences plénières et partielles dont le trésor inépuisable est toujours ouvert pour se répandre avec profusion sur ces nouvelles *Enfants de Marie*.

Tel est le titre si doux et si expressif à la fois qui distinguera celles qui l'ont mérité par leur ferveur et leur bonne conduite. Les obligations que l'Association impose à leur libre volonté serviront à les défendre contre l'inconstance et la légèreté naturelles à leur âge, et les grâces obtenues par ce moyen stimuleront l'ardeur et soutiendront le courage de chacune.

Ce qui rendit surtout cette œuvre si féconde en fruits de salut, ce fut la bénédiction de Sa Sainteté Pie IX. En 1847 M. le Supérieur-général étant allé à Rome, sollicita l'approbation du Souverain-Pontife. Une audience particulière lui avait été accordée, et il avait pu exposer sommairement la pensée générale et le but de l'Association. Le Chef de l'Église en saisit aussitôt les avantages et les apprécia; aussi accorda-t-il pour son établissement et sa propagation des facultés et des priviléges qui en sont comme la sanction canonique. La faveur réservée d'abord personnellement à M. Etienne, fut étendue, trois années plus tard, à tous les Prêtres de la Mission. Ainsi, dorénavant et à perpétuité, en vertu de l'Indult du 19 juillet 1850, chaque Supérieur d'une Maison de Missionnaires peut, avec l'approbation de l'Ordinaire, ériger dans son église ou sa chapelle la pieuse Congrégation de l'Immaculée-Conception de la Très-Sainte Vierge. Les jeunes filles ne sont pas seulement admises à jouir des bienfaits spirituels de cette Association, qui leur prodigue tous les dons de la grâce et la conserve en elles ; elles y trouvent encore les avantages et les innocents plaisirs de réunions périodiques, où plusieurs ont aussi l'occasion de se faire connaître et d'être recommandées aux personnes qui les emploient et les patronnent; les mêmes profits ont été étendus par la paternelle sollicitude du Souverain-Pontife aux jeunes gens et aux petits garçons, soit des collèges ou petits Séminaires (1), soit des orphelinats.

La création et la rapide multiplication de ces œuvres bénies remplissaient de joie et de consolation l'âme du vertueux Missionnaire. Il comprenait si bien tout le prix et les mérites de la dévotion à la Très-Sainte Vierge, surtout

---

(1) Un Règlement spécial pour les garçons est en pleine vigueur au petit Séminaire de Tours, muni de l'approbation de Mgr Guibert, aujourd'hui Archevêque de Paris, et de plusieurs autres Évêques de France et des pays étrangers.

honorée dans sa prérogative glorieuse d'Immaculée! « En effet, disait-il, si la Très-Sainte Vierge est la Mère de tous les Chrétiens, si ses deux mains sont comme des sources intarissables d'où découlent les grâces de Dieu sur tous les fidèles, à combien plus forte raison Marie se montrera-t-elle la plus tendre des Mères pour les jeunes cœurs qui lui auront voué un culte particulier! C'est pour eux que seront ses prédilections maternelles; c'est pour eux qu'elle se plaira à répéter les belles paroles de la Sagesse, que l'Église met dans sa bouche : *Avec moi sont les richesses et les biens magnifiques* de la grâce *pour en combler ceux qui m'aiment;* c'est pour eux qu'elle sera par excellence la *Vierge clémente, la Mère de miséricorde, le Refuge des pécheurs, la Consolatrice des affligés.*

« Marie se montrera d'autant plus libérale, que, dans ces derniers temps, elle s'est plu à couvrir de sa protection spéciale toutes les personnes qui ont honoré le beau privilège de son Immaculée-Conception. Cette dévotion à l'Immaculée-Marie semble être la dévotion providentielle de cette époque, l'arche du salut offert par la clémence du Seigneur à toutes les âmes qui veulent y chercher un refuge contre la contagion du siècle. Heureuses donc, trois fois heureuses les âmes privilégiées qui, pour mieux honorer la Très-Sainte Vierge, auront pris pour bannière son Immaculée-Conception et auront résolu de vivre et de mourir à l'ombre de ce signe tutélaire !

« A cet avantage bien grand d'être sous la protection toute spéciale de Marie, et d'avoir droit, en qualité de son enfant, à toute sa tendresse de Mère, nous devons en joindre plusieurs autres qui dérivent de la nature même de l'Association.

« Notre divin Sauveur Jésus-Christ nous apprend, dans son Évangile, que *là où deux ou trois sont assemblés en son nom*, Il est *au milieu d'eux*. Ces paroles si consolantes, nous pouvons bien les appliquer à l'Association des *Enfants de Marie;* car se réunir pour honorer la Mère n'est-ce pas se réunir au nom du Fils? Les membres de l'Association sont donc assurés de voir leurs réunions favorisées de la protection particulière du divin Maître et de toutes les bénédictions qui en découlent.

« De plus, en vertu de leur union, chacune des Associées a part aux bonnes œuvres, aux communions, à tous les actes de vertu qui se pratiquent dans toute l'Association. Que de grâces cette sainte communion ne doit-elle pas attirer sur chaque membre! Quelle douce consolation pour l'Associée, lorsqu'elle se trouve froide, lorsqu'elle est dans quelque danger, poursuivie de violentes tentations, de penser qu'à ce moment peut-être une de ses Sœurs en Marie est prosternée au pied de l'autel de leur Mère commune et qu'elle prie pour elle! N'y aurait-il que la force des bons exemples que les Associées se donnent mutuellement, tous les jours, les avis, les instructions particulières qu'elles ont le bonheur d'entendre, c'en serait déjà assez pour faire apprécier l'Association (1). »

On reconnaît à ces sentiments si tendres et si vrais l'âme du Père de l'Association, lequel avait compris que l'approbation et la protection spéciale du Saint-Siége assuraient l'avenir de l'œuvre et la rendaient un des plus puissants moyens de régénération spirituelle pour l'innombrable jeunesse confiée aux soins des Missonnaires et des Filles de la Charité, sur tous les points du globe. « Il avait senti, dit l'auteur des *Annales des Enfants de Marie* (2), l'étendue du bien que cette Association était appelée à faire, et s'en voyant le Directeur, il s'appliqua

---

(1) *Manuel des Enfants de Marie*, p. 12-14.
(2) Iᵉʳ tome, 1868, p. 37.

tout de suite à l'asseoir sur de solides bases, en lui donnant un Règlement, un mode d'élection et de gouvernement, et en faisant comprendre aux heureuses Aspirantes l'importance de leurs devoirs et la nécessité de correspondre à l'appel de prédilection qui excitait leurs saints désirs : *Devenir Enfants de Marie et en être dignes!*

« Ce bon Père entrevit en même temps les efforts généreux que ces obligations bien comprises allaient provoquer. En effet, que de jeunes cœurs jusque-là livrés à la dissipation, à l'indépendance, à l'orgueil et à toutes les petites passions de l'enfance, allaient se vaincre et se purifier en sentant naître le désir de se consacrer à Marie et de posséder le beau titre de son Enfant! Sans doute cette prévision délicieuse fut déjà pour son cœur une récompense; mais ce fut aussi le motif qui l'engagea à déployer un zèle extraordinaire pour le prompt établissement de cette Association bénie.

« Il s'en occupa avec un bonheur inexprimable, ne se lassa jamais d'en parler, de l'expliquer, de l'éclaircir et de donner aux Sœurs Directrices des conseils salutaires pour l'établir, la diriger et la faire prospérer parmi les enfants. Quand il recevait les Sœurs durant les retraites, ou qu'elles venaient dans le cours de l'année à la Maison-Mère, s'il les savait employées à l'instruction des jeunes filles, il saisissait aussitôt l'occasion de travailler à étendre le domaine de Marie, s'informait si l'Association était régulièrement établie, exhortait à augmenter le nombre des Associées en alimentant la ferveur, et trouvait mille moyens d'exciter le zèle et de réchauffer dans les cœurs le véritable amour pour la Vierge-Immaculée. »

En 1846, l'ouvroir des Sœurs de la paroisse de Saint-Vincent-de-Paul, à Paris, eut l'honneur d'entrer le premier dans cette heureuse Association. L'ouvroir de la paroisse de Notre-Dame de Paris voulut bientôt imiter ce bel exemple. Un procès-verbal rédigé par l'une des Associées, à cette occasion, nous a conservé des détails dignes d'intérêt. Le respectable Curé avait été consulté, et la connaissance qu'il avait prise des Règlements lui en avait révélé les avantages et l'opportunité. Le jour fixé pour la réception de nombreuses Aspirantes, M. Aladel vint présider à cette touchante cérémonie dans la chapelle privée des Sœurs. C'est alors que, dans une fervente exhortation, il leur dit : « Être fidèle Enfant de Marie, c'est être enfant du Ciel; car Marie couvre de sa protection spéciale ceux qui s'attachent à Elle et l'appellent leur Mère; elle ne les laisse jamais périr. Si cette heureuse adoptée est fidèle à sa Mère céleste, on la reconnaît partout à sa simplicité, à sa modestie, à la régularité de sa conduite et à la charité de ses actes. Marie l'aide à conserver son innocence, et si elle avait eu le malheur de la perdre, en l'adoptant pour sa Fille, elle la lui fait recouvrer en lui obtenant la grâce de la pénitence et de l'amour. »

Cette réception solennelle des Aspirantes de l'ouvroir de Notre-Dame fut comme le signal du mouvement religieux qui entraîna vers la Sainte-Vierge la génération laborieuse des jeunes filles élevées dans les maisons des Filles de la Charité. Ces premières Associées peuvent être considérées comme les prémices de l'abondante moisson que l'infatigable ouvrier de Marie-Immaculée allait recueillir dans le champ universel de l'Église.

Vingt-cinq années à peine se sont écoulées depuis la formation de cette œuvre, que protége et multiplie une bénédiction sensible du Ciel. L'auréole de *lumière* (1) et de *beauté* promise à la *génération chaste* relève toutes ces Associations qui, en 1872, ont atteint le chiffre de onze

---

(1) *Sap.* cap. iv, 1.

cents (1). Elles ne sont pas seulement *connues de Dieu;* leur *renom* se propage aussi *parmi les hommes.* Paris seul compte plus de soixante associations, et le reste de la France les a enfantées par centaines. C'est de ce foyer de charité qu'elles se sont répandues par tout le globe, pouvons-nous le dire, sous les pas féconds des Filles de Saint-Vincent. Aussi les retrouvons-nous, en dehors de l'Europe, dans l'Algérie, l'Égypte, la Syrie, au Brésil, au Chili, au Pérou, au Mexique, aux États-Unis, à Manille, en Chine, etc., etc.

Dans les dernières années de sa vie, M. Aladel saluait avec admiration et reconnaissance ce mouvement inespéré dont il rendait la gloire à Dieu seul, tout en éprouvant une consolation indicible. C'est lui qui avait établi pendant la neuvaine de la Translation des Reliques de Saint-Vincent et à l'Octave de l'Assomption, les réunions générales des Enfants de Marie de la Capitale. Le sanctuaire qu'il choisit est celui même de la grande Communauté des Filles de la Charité, témoin de l'apparition de la Médaille miraculeuse que nous avons rapportée précédemment dans tous ses détails. C'est ainsi qu'il

(1) *Annales des Enfants de Marie,* n° 3, p. 155-158.

croyait unir par les liens les plus sacrés et les plus doux les enfants à la Mère. Dans cette cérémonie M. Aladel prenait ordinairement la parole, et il savait toujours tirer de son cœur des accents nouveaux pour célébrer la gloire de la Mère et le bonheur des enfants. L'on nous saura gré de reproduire ici le passage suivant d'une de ces pieuses allocutions : « *Bonum est nos hic esse.* » Oui, qu'il nous est bon d'être ici! paroles que vous savez, jeunes Chrétiennes, avoir été l'exclamation proférée par S. Pierre, le Prince des Apôtres, au nom de ses collègues admis avec lui sur le Thabor, à la glorieuse Transfiguration de Notre-Seigneur Jésus-Christ. Quel bonheur, s'écrie-t-il dans son ravissement! qu'il est bon pour nous d'être ici ! *Bonum est nos hic esse.* S. Bernard adressa un jour cette parole à une pieuse réunion qu'il entretenait sur les grandeurs de la Très-Sainte Vierge. Enfants de Marie, je ne puis me défendre de l'appliquer à l'Assemblée générale qui nous réunit dans ce sanctuaire vénéré, au pied de cet autel privilégié, où, il y a vingt-neuf ans, l'Immaculée-Marie daigna apparaître, se montra toute belle et toute bonne, si belle et si bonne que la langue

---

(1) *Matth.* xvii, 4.

la plus éloquente ne pourrait l'exprimer; si belle et si bonne que l'intelligence la plus élevée ne saurait s'en faire une juste idée. Ce fut cette apparition qui contribua admirablement à réveiller et à propager, dans l'univers entier, la dévotion à Marie conçue sans péché, et à disposer partout les esprits et les cœurs à recevoir avec reconnaissance et allégresse la proclamation solennelle du dogme de son Immaculée-Conception ; ce fut aussi cette apparition qui devint le *principe* de vos pieuses Associations, mes chères enfants : l'immaculée et miséricordieuse Vierge Marie en déposa ici le *germe béni* et *fécond*. Nous devons donc le déclarer tout haut, ce sanctuaire fut le berceau de toutes ces nombreuses Associations d'Enfants de Marie, qui se multiplient prodigieusement dans tous les pays du monde, avec autant de fruits de sanctification pour les jeunes personnes qui en font partie, que d'édification et de bénédiction pour les localités mêmes où elles sont établies. Mais il n'est pas donné à toutes vos Sœurs comme à vous, mes chères enfants, de se réunir dans cette enceinte sacrée. Eh! bien, elles s'y transportent d'esprit et de cœur ; de tous les points de l'univers elles ont les yeux fixés sur votre Assemblée, et vous regardent avec raison comme les Associations privilégiées et députées par elles autour de l'autel de l'apparition de notre Mère-Immaculée. Laissez-moi donc emprunter les paroles de S. Pierre sur le Thabor, et m'écrier avec vous : Oh! qu'il est bon pour nous d'être réunis ici ! *Bonum est nos hic esse.* Ici, au pied de l'autel même où se fit voir l'Immaculée-Marie, les mains toutes pleines de grâces, au pied de sa statue qui nous rend comme visible sa précieuse apparition : *Bonum, bonum est nos hic esse!* L'une des plus douces jouissances de vos cœurs est de vous trouver réunies dans ce pieux sanctuaire, et de vous édifier ensemble dans cette belle cérémonie, qui a quelque chose de si gracieux, de si touchant, et en même temps de si grave et de si instructif. C'est aussi une grande consolation pour moi de vous donner, dans toute l'effusion de mon âme, quelques encouragements et quelques conseils. Quel bonheur, en effet, d'exhorter et de bénir l'enfance et l'adolescence à l'exemple du divin Maître ! Mes chères enfants, je vous parle au nom de Notre-Seigneur et pour la gloire de Marie. Je veux même étendre le cercle de cet auditoire ; je m'adresse à tous les membres de l'Association répandus sur toute la terre, et je dis : *Vous êtes en spectacle*, non-seulement *à Dieu* et *à ses anges,* mais encore au monde entier, qui a droit de trouver en vous la piété, la modestie, toute sorte de bons exemples. Au milieu des scandales et de la corruption du siècle, au milieu des piéges, des écueils et des épreuves dont vous êtes environnées, gardez, gardez bien vos âmes ; conservez, affermissez la droiture de vos pensées, la pureté de vos sentiments, le trésor de votre innocence et de votre tendre dévotion à Marie ! Sous les ailes de votre Immaculée-Mère, exercez votre esprit à l'étude de ses vertus, votre cœur à leur amour, à la sainte ambition de les acquérir et de les perfectionner dans votre conduite. Attachez-vous à la solidité de ces vertus. Demandez en particulier avec beaucoup d'instances et d'humilité la vertu que la Sainte-Vierge sait vous être le plus nécessaire. Vous deviendrez ainsi ses véritables *enfants*, pour le temps et pour l'éternité ! »

LES VERTUS

DE

MONSIEUR JEAN-MARIE ALADEL

Prêtre de la Congrégation de la Mission.

Jésus-Christ est réellement *notre voie, notre vérité, notre vie*, et par conséquent le vrai principe et la source de toute sainteté : *Ego sum via, veritas et vita* (1). C'est la *grâce de Dieu notre Sauveur, qui nous apprend à renoncer aux désirs du siècle et à mener une vie sobre, juste et pieuse en ce monde, en attendant la bienheureuse espérance et l'avénement de la gloire du grand Dieu, notre Sauveur Jésus-Christ* (2). Ainsi la grâce divine, après nous avoir retirés de l'abime du péché, dégage l'âme des pensées et des affections de la terre, la

---

(1) *Joan.* xiv, 6.
(2) Apparuit enim gratia Dei Salvatoris nostri omnibus hominibus, erudiens nos ut, abnegantes impietatem et sæcularia desideria, sobrie et juste et pie vivamus in hoc sæculo, expectantes beatam spem et adventum gloriæ magni Dei et Salvatoris nostri Jesu Christi. (*Tit.* ii, 11, 12, 13.)

remplit de l'esprit de Notre-Seigneur, et la conduit de perfection en perfection jusqu'à l'entier accomplissement de la volonté de Dieu. C'est pourquoi la vertu consiste essentiellement dans la ferme résolution, provoquée et soutenue par la grâce, d'accomplir la volonté divine. L'on peut dire en ce sens qu'il n'y a pas de vertus isolées dans l'homme, mais que là où domine une vertu réelle, les autres aussi existent au moins implicitement. Toutefois, comme la volonté divine peut se rapporter à divers objets, comme ces divers objets sont plus à la portée de l'un que de l'autre, suivant les dons naturels ou la position de chacun, comme enfin il y a diverses facultés intellectuelles et morales par lesquelles la volonté de Dieu peut être accomplie, il faut, tout en maintenant l'unité de la vertu, admettre la multiplicité des vertus. Le saint Concile de Trente et le Catéchisme du même Concile enseignent que, dans la *justification, l'homme reçoit par Jésus-Christ, auquel il est uni, l'infusion de la foi, de l'espérance et de la charité, et l'admirable cor-*

tége de toutes les vertus (1). Or les principales vertus que nous avons distinguées dans la personne du vénéré Confrère, dont nous venons d'esquisser la vie, sont l'Esprit de Foi et de Piété, la Confiance en Dieu, la Charité et la Conformité à la volonté de Dieu, l'Amour de Jésus et de Marie, l'Esprit de Simplicité et d'Humilité, l'Esprit de Mortification et de Détachement, le Zèle et la Prudence, la Pauvreté, la Chasteté, l'Obéissance, l'Esprit de Régularité et la Sanctification des actions ordinaires.

---

(1) In ipsa justificatione, cum remissione peccatorum hæc omnia simul infusa accipit homo per Jesum Christum, cui inseritur, fidem, spem et charitatem. (*Sess.* IV, chap. 7.) Huic (infusioni gratiæ) additur nobilissimus omnium virtutum comitatus, quæ in animam cum gratia divinitus infunduntur. (*Part. II*, c. II, n° 54).

VERTUS
DE
MONSIEUR JEAN-MARIE ALADEL

CHAPITRE Ier

ESPRIT DE FOI ET DE PIÉTÉ.

Il y a une différence notable entre la foi simple et l'Esprit de foi. Tous ceux qui ont la Foi ne sont pas animés de l'Esprit de foi, lequel est l'énergie, la constance, l'efficacité, en un mot, d'une foi élevée à un plus haut degré d'excellence ou de perfection. L'*esprit de foi* est donc une habitude surnaturelle de notre âme qui la fait adhérer avec tant de simplicité et de conviction aux vérités chrétiennes, qu'elle en est toute remplie et fortifiée, en sorte qu'elle se sent fortement inclinée au bien; c'est l'état du Juste *vivant de la foi* (1). Tous les saints ont vécu de cette vie divine,

---

(1) Justus autem meus ex fide vivit. *Hebr.* x, 38. —

tous ont pu dire avec l'Apôtre : *Je vis en la foi du Fils de Dieu, In fide vivo Filii Dei* (1). En effet l'Esprit de foi est la racine de la sainteté, le fondement et le principe des vertus, l'alimentation de la vie spirituelle, l'instigateur et le soutien des bonnes œuvres. Saint-Vincent, notre Bienheureux Père, avait admirablement compris cette grande vérité, lorsqu'il disait avec tant de force : « Il est absolument nécessaire, soit pour notre avancement, soit pour le salut des *autres*, de suivre toujours et en toutes choses les belles lumières de la *Foi*..... Le peu de progrès dans la vertu et le peu de succès des affaires qui ont pour objet la gloire de Dieu, viennent de ce que les hommes ne s'appuient pas sur les maximes de la Foi et qu'ils ne suivent que celles de la raison humaine (2). » A l'exemple de notre Saint-Fondateur, M. Aladel a demandé à Dieu et obtenu l'Esprit de foi, qui est devenu le mobile de ses actions, de ses sentiments et de toute sa conduite. L'on se ressent toujours de sa première éducation. Ayant été élevé dans les sentiments du pur christianisme, il s'est enraciné de jour en jour et s'est conservé, jusqu'à la fin, dans une foi vive,

(1) *Gal.* ii, 20.
(2) *Maximes de S. Vincent.*

profonde, ferme et agissante. Pendant sa préparation au sacerdoce et à la Mission, l'Esprit de foi lui a fait comprendre toute l'excellence et tous les avantages de la vocation chrétienne, ecclésiastique et religieuse. Aussi aimait-il à s'approprier, à répéter du fond du cœur les magnifiques actions de grâces de l'apôtre S. Paul : *Béni soit le Dieu et Père de Notre-Seigneur Jésus-Christ, qui nous a comblés de ses bénédictions spirituelles, de tous les dons célestes dans le Christ; qui a daigné nous choisir et nous appeler en Notre-Seigneur, avant la fondation du monde, afin que nous fussions saints et sans tache devant lui, dans la charité! Il nous a prédestinés à son adoption filiale par Jésus-Christ, pour le dessein de sa volonté, pour la gloire et le triomphe de la grâce, dont il nous a enrichis par son Fils bien-aimé, en qui nous avons la Rédemption par son sang et la rémission des péchés, selon les trésors de sa grâce qui a surabondé en nous* (1) !

Le même Esprit de foi lui faisait envisager les études ecclésiastiques comme un excellent

(1) Benedictus Deus et Pater Domini nostri Jesu-Christi, qui benedixit nos in omni benedictione spirituali in cœlestibus in Christo; sicut elegit nos in ipso ante mundi constitutionem, ut essemus sancti et immaculati in conspectu ejus, in charitate! Qui prædestinavit nos in adoptionem filiorum per Jesum Christum in ipsum,

moyen de se fortifier dans la connaissance et en même temps dans l'amour de Dieu. Il n'estimait la science qu'autant qu'elle est accompagnée d'une humilité profonde. Il avait soin de considérer toutes les questions dans leurs rapports avec Notre-Seigneur Jésus-Christ, avec le salut et la sanctification des âmes. Son application constante et surnaturelle devenait ainsi un nouvel aliment de la piété et de l'esprit apostolique. Établi plus tard Assistant de la Maison, il rappelait devant les Étudiants le danger du relâchement spirituel, auquel il s'était trouvé lui-même exposé pendant ses études, et les moyens les plus propres à prévenir ce malheur, en nourrissant et en augmentant chaque jour la ferveur du Séminaire-interne. On l'a entendu souvent proclamer la haute sagesse et développer le vrai sens de cette grave recommandation de Saint-Vincent, dans les Règles communes : « Les Missionnaires ne négligeront rien pour acquérir à fond les connaissances que requiert notre auguste vocation; mais ils mettront leur soin principal à fréquen-

---

secundum propositum voluntatis suæ, in laudem gloriæ gratiæ suæ, in qua gratificavit nos in dilecto Filio suo, in quo habemus redemptionem per sanguinem ejus, remissionem peccatorum, secundum divitias gratiæ ejus quæ superabundavit in nobis. (*Eph.* I, 3,4,5.6,7,8.)

ter l'école de la Croix, pour y apprendre la science des Saints et ne prêcher que Jésus et Jésus crucifié (1). »

Toute sa vie M. Aladel s'est montré fidèle à cet article important de nos Constitutions. Il a eu sans cesse les yeux fixés sur l'Auteur et le Consommateur de notre foi (2). L'on a pu remarquer par ses répétitions d'oraison qu'il avait contracté l'habitude d'examiner d'abord les sentiments et les exemples de Notre-Seigneur Jésus-Christ sur le sujet proposé, dont les détails pratiques étaient ensuite appliqués aux besoins de son âme. Il attachait une importance particulière à la lecture quotidienne d'un chapitre du Nouveau-Testament, qui était à ses yeux le livre par excellence du Missionnaire, et il accompagnait cette lecture des dispositions et actes indiqués par notre Saint-Fondateur, afin de puiser, comme lui, dans ce saint exercice un renouvellement continuel de l'Esprit de foi. Le Dieu *fait homme* pour l'amour de nous était le centre de ses pensées et de ses désirs, le motif de ses déterminations, la règle de sa conduite. Il aimait à voir toutes choses

(1) *Reg. com.*, cap. XII, § 8.
(2) Aspicientes in auctorem fidei et consummatorem Jesum (*Hebr.* XII, 2).

en Jésus-Christ; il avait soin de tout rapporter à Jésus; il ne voulait savoir ni estimer ni rechercher que Jésus-Christ(1), certain de posséder ainsi toute science et tout bien, parce que toutes choses sont de Lui et par Lui et en Lui: *Quoniam ex ipso et per ipsum et in ipso sunt omnia* (2)... *Eum propter quem et per quem omnia* (3).

Cet homme de foi antique ne pouvait pas comprendre que des Missionnaires eussent seulement la pensée de vouloir concilier l'esprit du siècle avec l'esprit chrétien. «Il faut sans doute, disait-il, tenir compte jusqu'à un certain point des circonstances malheureuses de notre temps, dans l'application des règles de conduite, mais sans jamais s'écarter aucunement des éternels principes du pur Christianisme, ni prétendre les accommoder tant soit peu aux préjugés du monde, ni aux aberrations modernes (4).»

La foi catholique lui montrait Notre-Seigneur Jésus-Christ vivant dans la Sainte-Église et le Saint-Siége apostolique, et perpétuant son règne

---

(1) Non enim judicavi me scire aliquid inter vos, nisi Jesum Christum (*I Corinth.* II, 2).
(2) *Rom.* XI, 36.
(3) *Hebr.* II, 10.
(4) *Réponse à un Missionnaire.*

sur la terre par le gouvernement paternel et l'enseignement des Souverains-Pontifes. Un jour, pendant les examens théologiques, un Étudiant accentuait un peu trop la distinction entre l'autorité du Saint-Siége et l'autorité de l'Église. M. Aladel reprit en souriant, mais avec fermeté : « Monsieur, vous êtes plus savant que moi, car je ne connais que le mot de S. François de Sales : « L'Église et le Pape, c'est tout un », et la belle maxime de Saint-Vincent : « L'humble « soumission aux décrets du Souverain-Pontife « est la pierre de touche pour discerner les vrais « enfants de l'Église. » Aussi demandait-il et donnait-il de grand cœur une adhésion sincère, franche, constante, pleine et entière, non-seulement aux articles de foi, mais encore à toutes les décisions doctrinales et aux moindres ordres ou décrets émanés de l'autorité suprême des Pontifes romains, étant profondément convaincu qu'écouter le Pape, c'est écouter Jésus-Christ, et résister intérieurement ou extérieurement au Pape, c'est résister à Jésus-Christ. Avec quelle joie et quelle reconnaissance il eût salué la convocation du dernier Concile œcuménique, et accueilli ses infaillibles décisions, lesquelles d'ailleurs ne lui eussent rien appris de nouveau touchant l'Infaillibilité du Successeur de S. Pierre, vérité déjà admise par son Esprit de foi, qui en savait lire l'éclatante démonstration dans le passé historique de l'Église, comme dans les arguments propres de sa droite raison.

M. Aladel regardait comme un grave désordre cette espèce de rationalisme pratique, qui attache tellement l'esprit à l'évidence subjective et à ses propres idées, qu'il n'a foi qu'en sa manière de voir ou de juger, et qu'il ne tient pas assez compte du sentiment des autres, voire même de celui des Supérieurs, qui sont pour nous les représentants de Dieu. Il réprouvait de plus, comme une illusion très-dangereuse, le défaut, hélas! trop commun, qui consiste à regarder comme des minuties la fidélité dans les petites choses, l'accomplissement de certains actes de vertu, le profit retiré des fréquentes occasions de les mettre en pratique. Il condamnait le scrupule et l'excès, toujours blâmables; mais il disait avec beaucoup de sens surnaturel que mépriser les menus détails, omettre ou négliger les moindres exercices, c'était abuser d'une multitude de grâces très-précieuses et tomber dans le relâchement, rappelant la sentence révélée : *Qui spernit modica paulatim decidet* (1).

(1) *Eccli.* XIX, 1.

Son Esprit de foi paraissait enfin dans ses instructions, toujours simples, mais nourries du suc des paroles de l'Écriture-Sainte (1). Ses avis étaient puisés à la source de la sagesse des Saints ; ses décisions, ses réflexions, ses réponses étaient toujours marquées au coin de l'esprit de Notre-Seigneur et de Saint-Vincent. Un Missionnaire qui le consultait un jour sur plusieurs difficultés, après avoir reçu quelques-uns de ses conseils, lui dit tout à coup : « Mais, Monsieur, vous me parlez comme à une Religieuse. — C'est qu'un bon Prêtre de la Mission, repartit M. Aladel, doit avoir la grandeur d'âme d'un Apôtre et en même temps la simplicité et l'Esprit de foi d'une Religieuse. »

Le véritable Esprit de foi produit la véritable piété, qui, d'après S. Thomas, est une disposition habituelle de l'âme à aimer Dieu, comme un père, d'un amour filial, ainsi que tout ce qui se rapporte à son service (2).

M. Aladel a été animé d'une piété saine et solide. Ce n'était pas une piété d'imagination ou

---

(1) Nous avons recueilli ces textes choisis par sa tendre piété et épars dans des notes diverses. Ce sont autant de perles précieuses qui s'adaptent à merveille aux traits principaux de ses vertus.

(2) Habitualis animæ dispositio ad affectum filialem habendum ad Deum ut ad Patrem (2ᵃ 2ᵃᵉ *Quæst.* CXXI, 1).

superficielle, ni une piété sentimentale, faible et inconstante, ou une piété de spéculation, vague et indéterminée, ni une piété de routine, de circonstance, de certaines pratiques extérieures, encore moins une piété égoïste, raisonneuse, subtile, exagérée ou relâchée. Mais sa piété était simple, droite, ne recherchant que Dieu, sans se préoccuper ni s'embarrasser d'autre chose; humble, sans prétention ni présomption; judicieuse et éclairée, prudente, réglée et en même temps forte et constante, et surtout positive et pratique. On peut dire que cette dernière qualité formait le caractère dominant de sa dévotion, et en assurait la solidité aussi bien que le succès. Il comprenait que l'essentiel de la vie spirituelle consiste dans l'exécution des bons desseins qu'inspire la grâce de Notre-Seigneur Jésus-Christ. Une dévotion qui ne précise rien, qui n'aboutit à rien ou qui n'agit point, est une dévotion trompeuse, une dévotion qui a plus d'apparence que de réalité : *Habentes speciem quidem pietatis, virtutem autem ejus abnegantes* (1).

Le digne Missionnaire avait soin de se garantir lui-même et de prémunir les autres

---

(1) *II Timoth.* III, 5.

contre cette erreur dangereuse et mondaine, à savoir que la piété rapetisse l'esprit, rétrécit le cœur, abaisse le caractère, attriste et décolore la vie. Rien ne lui paraissait plus faux et plus absurde. Il était intimement convaincu, et il le disait souvent, que la vraie piété, toujours accompagnée de lumières vives et pénétrantes, de vues élevées et même sublimes, de sentiments nobles et généreux, d'une onction suave et toute céleste, développe l'intelligence, rectifie le jugement, consolide la raison, inspire le sens et l'amour des grandes choses, dilate et fortifie le cœur, communique à notre âme une énergie, un courage surhumains, et nous fait trouver le vrai bonheur dans le dévouement à Dieu et à nos frères. Que de fois n'a-t-il pas rappelé les belles paroles qu'adressait l'Apôtre à son disciple Timothée : *La piété est utile à tout, ayant les promesses de la vie présente et de la vie future* (1) !

Il estimait la science et les qualités naturelles comme autant de dons du Seigneur ; mais il attachait beaucoup plus d'importance aux qualités surnaturelles, spécialement à la véritable piété. Aussi demandait-il fréquemment à Jésus

---

(1) Pietas ad omnia utilis est. *1 Timoth.* IV, 8.

et à Marie, pour lui et pour les autres, ce trésor spirituel qui renferme tous les biens, conserve toutes les vertus et produit toutes les bonnes œuvres.

Pour obtenir ce don par excellence, il conseillait de se défier beaucoup de ses propres lumières, de se tenir en garde contre les illusions, la dissipation ou l'entêtement, de se soumettre avec beaucoup de simplicité à une sage direction, de ne lire ou de ne consulter que les auteurs ascétiques d'une doctrine non-seulement très-orthodoxe, mais encore entièrement sûre et parfaitement saine, ainsi que les livres convenables à l'état, aux dispositions intérieures et au degré de vertu de chacun ; et par-dessus tout, de s'exercer avec affection et persévérance à la vraie *piété* (1).

Il était d'avis que l'expérience de la vie spirituelle, utile et même nécessaire, doit toujours être subordonnée à la science théologique pour ne pas induire en erreur. C'est pourquoi il aimait à consulter les autres, surtout ceux qu'il savait plus prudents et plus versés dans les choses de Dieu et dans l'esprit de Saint-Vincent.

---

(1) Exerce teipsum ad pietatem. *1 ad Timoth.* IV, 7.

Les grands modèles et les grands maîtres de la piété qu'il goûtait et recommandait le plus étaient Notre-Seigneur Jésus-Christ et sa Très-Sainte Mère, S. Jean l'Évangéliste, S. Paul, S. Bernard, l'auteur de l'*Imitation*, le *Combat spirituel*, S. François de Sales, et très-spécialement notre Saint-Fondateur, qu'il regardait à juste titre comme l'un des guides les plus sûrs et les plus pratiques dans la véritable dévotion.

Ainsi pour citer un exemple entre mille, il préférait la méthode d'oraison indiquée et expliquée par Saint-Vincent à toutes les autres, l'estimant la plus simple, la plus humble, la plus accommodée à la vocation des Missionnaires et des Filles de la Charité, la moins sujette aux illusions et la plus efficace. C'est en ce sens qu'il disait : « Nous devons nous tenir éloignés d'un genre extraordinaire d'oraison, que l'Esprit de Dieu qui *souffle où il veut*, peut avoir suggéré à certaines âmes, mais qui ne nous convient pas et ne pourrait que nous jeter dans une fausse spiritualité, ou du moins altérer le caractère propre de notre perfection (1). »

(1) *Recueil d'instructions aux Filles de la Charité.*

CHAPITRE II.

CONFIANCE EN DIEU.

Si l'Esprit de foi est la perfection de la foi, la Confiance en Dieu est la perfection de l'espérance. L'humble Confiance en Dieu a formé l'un des caractères distinctifs de la sainteté de notre bienheureux Père, qui attendait de Dieu seul le commencement, la conduite et le succès de toutes ses entreprises. « Laissons faire Notre-Seigneur, disait-il; c'est son ouvrage, et comme il lui a plu de nous en donner la pensée, tenons pour assuré qu'il l'achèvera en la manière qui lui sera le plus agréable(1). » Il était persuadé que, dans les affaires, *moins il y a de l'homme, plus il y a de Dieu;* c'est-à-dire plus l'homme s'efface et se défie de lui-même pour suivre fidèlement l'action divine et s'appuyer sur elle, plus il prospère dans les bonnes œuvres. M. Aladel avait appris à l'école de Saint-Vincent *l'abandon*

---

(1) *Maximes de S. Vincent.*

filial à la providence de Dieu en toute circonstance et dans tous ses besoins. Il savait que le Seigneur connaît à fond notre faiblesse et notre indigence, que sa toute-puissance ne manquera jamais de moyens efficaces pour nous secourir, que sa *bonté* infinie et sa *fidélité* sont deux attributs qu'il aime principalement à exercer envers les enfants des hommes et que ceux qui espèrent en Lui ne seront jamais confondus (1) : *Scio cui credidi* (2). Il savait que sa sagesse pleine de suavité dispose admirablement toutes choses et les fait concourir au bien de ceux qui s'attachent à Lui (3). C'est pourquoi il déposait dans le sein de ce tendre Père ses peines et ses sollicitudes (4), et se confiait entièrement en la providence et en la miséricorde divines, même au milieu des plus grands événements et de toute sorte de nécessités.

Notre pieux Confrère avait assisté à la renaissance si difficile de la petite-Compagnie. Il avait

---

(1) Suavis Dominus universis et miserationes ejus super omnia opera ejus... Fidelis Dominus in omnibus verbis suis. (*Ps.* CXLIV, 9 et 13). — Scitote quia nullus speravit in Domino et confusus est (*Eccli.* II, 11).

(2) *II Timoth.* I, 12.

(3) Scimus autem quoniam diligentibus Deum omnia cooperantur in bonum (*Rom.* VIII, 28).

(4) Omnem sollicitudinem vestram projicientes in eum, quoniam ipsi cura est de vobis (*1 Petr.* V, 7).

vu d'abord la rareté des vocations, la stérilité presque complète des efforts tentés par les premiers Missionnaires, la pénible végétation des œuvres, l'incertitude de l'avenir, les obstacles et les épreuves de tout genre qui étaient venus assaillir la barque de Saint-Vincent et la menaçaient d'un triste naufrage. Mais en 1830, le Corps sacré de notre Saint-Instituteur ayant été transféré solennellement et avec pompe à travers les rues de la Capitale dans notre humble chapelle, une voix mystérieuse s'était fait entendre et annonçait une ère de prospérité aux deux Familles de Saint-Vincent. La très-sainte et très-auguste Mère de Dieu, Marie-Immaculée, s'était montrée dans la chapelle des Filles de la Charité, resplendissante de lumière, éclatante de beauté, *pleine de grâces* et de miséricorde : elle apportait du Ciel et venait répandre sur la terre ses plus précieuses bénédictions avec la *Médaille* si justement appelée *miraculeuse*. La Translation des Reliques de notre Saint-Fondateur et l'apparition de la Sainte-Vierge ouvrirent tous les cœurs à l'espérance. Ce fut alors que tout changea de face : la vie sembla renaître au milieu de nous. Par l'intercession maternelle et toute-puissante de Marie-Immaculée, les plus grandes difficultés disparurent, la Compagnie prit les plus heureux et les plus vastes développements, en même temps qu'elle revenait parfaitement à son premier Esprit, et qu'elle se rattachait avec amour aux principes et aux pratiques de notre Saint-Institut. Cette importante restauration fut admirablement confirmée, en 1846, par la révélation du Scapulaire de la Sainte-Passion de Jésus et des Sacrés-Cœurs de Jésus et de Marie. Or le vénéré M. Aladel avait été le témoin de ces belles manifestations; il avait pu contempler de *très-près* toutes ces merveilles, et, de son propre aveu, rien ne contribua plus efficacement à remplir son âme d'une douce et invincible confiance en Dieu. Dès lors il conçut le plus grand espoir pour l'avenir de la Congrégation; il attendit tout de la munificence de Notre-Seigneur Jésus-Christ, pour lui, comme pour les autres.

Dans les divers offices que l'obéissance lui a imposés, il aimait à s'abandonner entre les mains de la Providence; il se défiait beaucoup de ses propres lumières et de ses propres forces, comptant uniquement sur le secours de la grâce. Il comprenait si bien la nécessité de cette pieuse disposition dans les emplois, qu'il avait grand soin de recommander, surtout aux jeunes Confrères et aux jeunes Sœurs, d'éviter la présomption et la *vaine confiance en soi-même*. Il estimait, avec Saint-Vincent, que les sujets les plus propres aux œuvres de Dieu ne sont pas précisément les plus capables, mais ceux qui, doués de talents ordinaires, savent s'abaisser et s'anéantir devant la majesté divine, et qui, convaincus de leur impuissance et de leur misère, espèrent de la bonté de Notre-Seigneur tout le succès de leurs travaux.

La Confiance en Dieu était chez M. Aladel une vertu réelle, plutôt qu'un don de nature. D'un caractère timide et un peu mélancolique, il se serait senti naturellement porté à un certain abattement. Mais la grâce avait corrigé ce défaut, et rempli son cœur de la suavité et de la fermeté de l'espérance chrétienne, dont il s'attachait à faire des actes fréquents, surtout dans les affaires graves, difficiles, dans les nécessités, les épreuves et les afflictions. On l'a vu souvent conserver la paix et l'égalité de l'âme au milieu des plus vives contrariétés. Vers la fin de sa vie, il se trouvait accablé de fatigues et continuellement affaissé. Comme il paraissait toujours à l'œuvre plein de courage et de constance, on se demandait ce qui le soutenait et le fortifiait intérieurement : c'était sa Confiance inaltérable en Jésus et en Marie.

Il avait un talent particulier, disons mieux, une grâce spéciale, pour encourager les faibles, consoler les affligés et dissiper les vaines appréhensions. Que d'âmes n'a-t-il pas relevées et fortifiées par de bonnes paroles! Que de vocations n'a-t-il pas affermies et conservées, surtout dans ses rapports avec les Filles de la Charité! L'âme appelée de Dieu à une vie plus parfaite s'attache d'abord avec ardeur à son service et s'élance avec joie dans la pratique de la vertu. Au commencement rien ne lui coûte, rien ne l'arrête; elle trouve la Règle douce et facile; elle goûte les plus suaves consolations dans les exercices de piété et l'accomplissement de ses devoirs. Tout à coup s'élèvent des nuages qui viennent assombrir péniblement son esprit; le trouble et l'angoisse s'emparent de son cœur désolé; l'âme est en proie à l'inquiétude, au découragement; elle va jusqu'à douter de sa vocation. C'est alors que M. Aladel devenait un ange consolateur, en même temps qu'un ange de bon conseil. Il faisait ce raisonnement très-simple et très-juste : Une jeune personne ne dit adieu au monde, à sa famille et aux commodités de la vie que par le secours de la grâce divine. Ainsi, règle générale, c'est par le dessein de Notre-Seigneur qu'elle est entrée en Communauté, et Celui qui l'a introduite ne se proposant pas les choses à demi, désire la maintenir et la perfectionner dans le saint état qu'elle a embrassé; il faut donc s'abandonner entièrement à sa Providence, et ne craindre qu'un malheur, celui de ne pas correspondre dignement à tant de miséricordes. C'est par de tels avis et l'onction de l'Esprit-Saint que le sage Directeur, après avoir mûrement examiné les marques de la volonté divine, parvenait à affermir les vocations chancelantes. Dieu sait combien il en a sauvé de la sorte!...

Il croyait que c'était faire injure à la bonté et à la puissance de Notre-Seigneur de se décourager et de se ralentir dans son service, à la vue des fautes et des imperfections que nous découvrons en nous-mêmes, de s'effrayer outre mesure des jugements et des rigueurs de la justice éternelle, de se laisser aller aux préoccupations inutiles, à l'anxiété intérieure, aux petitesses serviles du scrupule, à l'esprit de pusillanimité et de contrainte, aux lamentations sans fin sur ses propres défauts ou ceux des autres, comme aux ardeurs d'un zèle mal réglé, aux calculs humains, aux finesses et aux détours de la nature, à la recherche des bonnes grâces et de la protection des hommes, à l'emploi de moyens peu droits et peu chrétiens. Voici la substance de ses exhortations sur cet article fondamental : Dans les œuvres de Dieu, il est très-important de ne pas s'empresser, de ne jamais devancer la Providence, mais de lui laisser toujours l'honneur de l'initiative. Après avoir bien considéré et définitivement reconnu son dessein à la lumière de la foi, il faut le poursuivre avec une grande fidélité jusqu'à son entier accomplissement, sans se laisser arrêter par les obstacles ou la fatigue, ni par les vues humaines. Car plus une entreprise est agréable à Dieu et féconde en fruits de salut, plus elle est traversée par le démon et les innombrables difficultés qu'il suscite lui-même ou par les autres. De sorte que les contrariétés, au lieu de nous déconcerter dans la pratique du bien, doivent fortifier notre courage et nous porter à appuyer notre impuissance sur le fondement de la sagesse souveraine et sur les ressources infinies de Notre-Seigneur. Pourvu que nous soyons assurés de faire sa sainte volonté et de marcher dans les voies de l'obéissance, les oppositions doivent plutôt réjouir qu'abattre notre cœur. Dès que nous comptons sur Dieu seul, il ne nous abandonnera jamais, et nous participerons jusqu'à un certain point à l'habileté et à la puissance même de Dieu. En un mot, dans l'exercice de la piété et des bonnes œuvres, il faut *se défier absolument de la nature et tout espérer de la grâce divine.* C'est alors qu'on peut s'écrier avec le grand Apôtre : « Je puis tout en Celui qui me fortifie (1); et *Si Dieu est pour nous, qui sera contre nous?* »

Fondé sur des principes si conformes à l'Esprit de Saint-Vincent, ce vrai Missionnaire avait en horreur les expédients et les considérations humaines, les partis, les intrigues, les voies ténébreuses et détournées, les interprétations ou dénonciations téméraires, l'adulation, les bassesses, en un mot, tout le cortège des vices de l'amour-propre, qui exerce tant de ravages dans le monde et qui quelquefois s'insinue dans les Communautés les mieux réglées. L'homme de Dieu ne conseillait et n'employait que des moyens surnaturels, comme seuls dignes et capables de procurer sa gloire, à savoir, l'esprit d'humilité et de sacrifice, la fidélité à nos saintes Règles, le dévouement au service de Notre-

---

(1) Omnia possum in eo qui me confortat. *Philipp.* IV, 13.

(2) Si Deus pro nobis, quis contra nos? (*Rom.* VIII, 31.) — *Recueil d'instructions. Recueil de piété. Réponses diverses.*

Seigneur et à ses divins intérêts, et très-spécialement l'esprit de prière et l'habitude d'examiner toutes choses selon les vues de la Foi.

La prière... la prière humble et confiante était, on peut le dire, son occupation continuelle : à chaque instant, il avait recours à la prière, surtout dans les difficultés, les consultations et les affaires. Lorsque ses infirmités ne lui permettaient pas de dormir, pendant la nuit, il priait, comme l'atteste le receuil de ses pieuses pratiques. Si un excès de fatigue l'obligeait à suspendre le travail, pendant quelque temps, on était sûr de le trouver appliqué à la prière. Il priait saintement, il priait par toutes ses actions et par toutes ses souffrances : *il n'a jamais cessé de prier*.

Nous ne saurions mieux terminer cet article qu'en rapportant la belle invocation ou protestation qu'il a souvent adressée à Dieu, et qui montre bien la fermeté et la perfection de sa Confiance : « O mon Dieu, je puis perdre votre grâce par le péché; jamais je ne perdrai mon espérance; je la conserverai jusqu'au dernier soupir de ma vie. Les démons feront de vains efforts pour me l'arracher, rien ne pourra ébranler ma Confiance. Que d'autres s'appuient sur l'innocence de leur vie ou sur la rigueur de leur pénitence, sur le nombre de leurs bonnes œuvres ou sur la ferveur de leurs prières; pour moi, Seigneur, ma Confiance, c'est ma Confiance même, puisqu'elle vient de vous, ô mon Dieu! Cette Confiance en vous n'a jamais trompé, jamais perdu personne. Je suis assuré d'être éternellement heureux, parce que je l'espère de vous, ô mon Dieu! Rien ne peut m'effrayer, si vous êtes pour moi, et vous le serez toujours, tandis que j'espérerai en vous, et je suis assuré d'espérer toujours, parce que j'espère même cette invariable espérance. Enfin, je suis sûr, ô grand Dieu! que je ne puis trop espérer en vous. Ainsi j'espère que vous me soutiendrez contre les plus furieux assauts, et que vous ferez triompher ma faiblesse, de mes plus redoutables ennemis; j'espère que vous m'aimerez et que je vous aimerai toujours, et, pour porter tout d'un coup mon espérance au souverain degré, je vous espère, ô mon Dieu, vous-même de vous-même. »

« O Jésus, mon unique espérance (1)! »

(1) *Recueil de piété.*

CHAPITRE III.

CHARITÉ.

La foi et l'espérance introduisent dans l'âme la Charité, qui, de son côté, suppose et ennoblit la foi et l'espérance. La Charité *croit tout* et *espère tout*, dit admirablement l'Apôtre (1). Bien plus la Charité dépasse de beaucoup la foi et l'espérance (2); elle est la reine des vertus; toutes doivent tendre vers elle, comme vers leur fin commune, et en recevoir leur principale et dernière perfection; car la Charité seule unit parfaitement à Dieu. La Charité survivra à toutes les vertus; elle subsistera éternellement pour aimer à jamais le Bien suprême et infini. C'est la vertu par excellence. Aussi tous les Saints se sont distingués par une éminente Charité. Cette divine vertu a été la vie et l'âme

---

(1) Charitas omnia credit, omnia sperat. *I Corinth.* XIII, 7.
(2) Nunc autem manent fides, spes, charitas : tria hæc, major autem est charitas. *I Corinth.* XIII, 13.

de notre Saint-Fondateur, qui est devenu dans l'Église non-seulement un parfait modèle, mais encore un foyer immense et permanent de Charité. C'est à ce grand foyer que M. Aladel est venu embraser son cœur de l'amour de Dieu et du prochain.

En entrant dans la Congrégation, il aspirait à une perfection plus haute et plus solide : Heureux ceux qui ont faim et soif de la justice, car ils seront rassasiés (1). Il a trouvé auprès de Saint-Vincent ce que cherchait l'ardeur de ses désirs : méditations et lectures spirituelles plus fréquentes, instructions plus suivies et plus pratiques, études plus saines, plus pieuses et plus profondes, règle et esprit plus propres à le fortifier dans la vertu. Ce digne enfant de la Mission a su profiter avec zèle des nouveaux et puissants moyens que lui offrait la Providence de croître chaque jour dans la connaissance et l'amour de Dieu. Il a contemplé de plus près, il a mieux compris et admiré les amabilités infinies de ce grand Dieu; il s'est donné et *attaché* irrévocablement à Lui de *tout son cœur*, de *toute son âme*, de *toutes ses forces* (2), per-

---

(1) Beati qui esuriunt et sitiunt justitiam; quoniam ipsi saturabuntur. *Matth.* v, 6.
(2) Diliges Dominum Deum tuum ex toto corde tuo,

suadé que la Charité est non-seulement le *premier précepte* (1) et le sommaire de la loi, mais encore l'abrégé et l'essence de la perfection.

Il a été frappé et il s'est toujours souvenu de ces magnifiques paroles de notre Bienheureux Père : « Étudions-nous, Messieurs et mes Frères, à concevoir une grande, mais une très-grande estime de la majesté et de la sainteté de Dieu. Si nous avions la vue de notre esprit assez forte pour pénétrer quelque peu dans l'immensité de sa souveraine excellence, ô Jésus ! que nous en rapporterions de hauts sentiments ! Nous pourrions bien dire, comme S. Paul, que les yeux n'ont jamais vu ni les oreilles ouï, ni l'esprit conçu rien qui lui soit comparable. C'est un abîme de perfection, un être éternel, très-saint, très-parfait et infiniment glorieux, un Bien infini qui comprend tous les biens et qui est en soi incompréhensible. Or cette connaissance que nous avons que Dieu est infiniment élevé au-dessus de toute connaissance et de tout entendement créé, nous doit suffire pour nous le

---

et ex tota anima tua, et ex tota mente tua, et ex tota virtute tua. *Marc*, XII, 30.

(1) Hoc est maximum et primum mandatum. *Matth.* XXII, 38.

faire estimer infiniment, pour nous anéantir en sa présence, et pour nous faire parler de sa majesté suprême avec un grand sentiment de révérence et de soumission; et à proportion que nous l'estimerons, nous l'aimerons aussi, et cet amour produira en nous un désir insatiable de reconnaître ses bienfaits et de lui procurer de vrais adorateurs (1). » M. Aladel aimait à relire ce beau passage et en faisait le sujet de ses méditations. Il s'en servait pour enflammer son cœur du feu sacré de la Charité parfaite. Il demandait à Jésus et à Marie de concevoir, chaque jour, plus pratiquement cette vérité de premier ordre. « La raison d'aimer Dieu étant Dieu lui-même, il faut l'aimer pour lui-même et à cause de son excellence et de ses infinies perfections; l'on ne saurait trop aimer Celui qui est infiniment aimable, et la mesure d'aimer Dieu est de l'aimer sans mesure. »

Il professait une dévotion très-spéciale pour l'auguste Mystère de la Très-Sainte Trinité, adorant avec amour l'union et l'égalité, ainsi que la distinction des trois Personnes divines, c'est-à-dire de Dieu le Père, auteur suprême

---

(1) Paroles de S. Vincent rapportées par Abelly au commencement du chapitre : *Sa dévotion et piété envers Dieu.*

de tout don parfait (1), origine unique de toute puissance (2) ou autorité; de Dieu le Fils, son Verbe ou sa parole, engendré par lui de toute éternité, le rayon resplendissant de sa gloire et l'empreinte de sa substance (3); de Dieu le Saint-Esprit, procédant de leur amour réciproque et leur éternelle union. Il aimait à produire fréquemment et du fond du cœur des actes de foi et de religion à l'égard de ce mystère par excellence, surtout par les pieuses pratiques recommandées dans nos saintes Règles, ainsi que par les prières et les solennités de l'Église. L'on a pu observer le redoublement de sa piété, chaque fois qu'il faisait le signe sacré de la Croix, ou qu'il disait : Gloire au Père, gloire au Fils, gloire au Saint-Esprit, dès le commencement, et maintenant, et toujours, et dans les siècles des siècles. Quel zèle n'a-t-il pas montré constamment pour répandre la connaissance et le culte de l'adorable Trinité parmi les peuples et parmi les âmes consacrées à Notre-Seigneur !

Il admirait la manifestation des perfections de Dieu dans l'ordre naturel, mais surtout dans

(1) *Jac.* I, 17.
(2) *Rom.* XIII, 1.
(3) *Hebr.* I, 3. — Bossuet, *Mystères*, élévation 2º.

l'ordre surnaturel, dans les sublimes mystères de l'Incarnation du Verbe, de la Rédemption du monde, de la sanctification des hommes, de la glorification des élus. La considération de tant de merveilles le remplissait des sentiments de l'amour divin. De là les actes parfaits de Charité qu'il formait très-fréquemment. De là son attention continuelle à la présence de Dieu, et ses ferventes oraisons jaculatoires : « Seigneur, mon Dieu, venez à mon secours!! O mon Dieu, quand donc me ferez-vous la grâce d'être tout à vous!! Dieu seul!... Mon Dieu et mon tout!.. A qui Dieu est tout, le monde n'est rien... O mon Dieu, souffrir et être méprisé pour vous... Seigneur, ayez toujours pitié de moi!...(1) » Autant d'invocations touchantes que nous trouvons inscrites dans son *Recueil de piété*, comme elles l'étaient dans son cœur.

Sa Charité ne s'arrêtait pas à la spéculation ; elle ne se perdait point dans les subtilités spirituelles, ni dans la multiplicité des pratiques, ni dans la complication des méthodes. « L'amour, disait-il, n'a qu'une méthode, celle de suivre l'instinct de la grâce qui nous porte à aimer ; en aimant, on apprend à aimer. Il n'a

---

(1) *Recueil de piété.*

qu'une pratique, qui est d'aimer en tout temps, en tout lieu, en toute circonstance. Il n'a qu'un acte auquel tous les autres se rapportent. Il n'a qu'un motif d'aimer, c'est qu'il trouve Dieu infiniment aimable. Il n'a qu'une fin, aimer pour aimer. Quoi de plus simple ! Mais est-il un moyen de perfection que cette simplicité n'embrasse ? Cette simplicité rapproche l'âme de l'état de Dieu même, qui ne se connaît que pour s'aimer, et en qui l'amour est le terme des processions divines. L'amour ôte la crainte des difficultés, il les aplanit, il triomphe des obstacles, il sacrifie les intérêts les plus chers, parce qu'il fait que, s'oubliant soi-même, on ne songe qu'à ce qu'ordonne ou souhaite l'instinct supérieur de l'amour. Enfin, tandis que la crainte resserre le cœur, l'amour le dilate, le rend généreux et capable de tout (1). » M. Aladel n'a jamais oublié l'importante recommandation de Saint-Vincent. « Nous devons aimer Dieu aux dépens de nos bras et à la sueur de notre front, attendu que tous les actes d'amour et de complaisance, de bienveillance, ainsi que tous les autres sentiments affectueux qu'un cœur tendre peut éprouver, quoiqu'ils soient bons et

---

(1) *Recueil de piété.*

désirables, sont cependant *suspects*, quand ils ne portent pas aux œuvres d'un amour agissant....... Il faut nous résigner au bon plaisir de Dieu pour souffrir tout ce qu'il lui plaira. C'est ici, Messieurs et mes Frères, la grande leçon du Fils de Dieu, et ceux qui s'y rendent dociles et qui la mettent bien dans leur cœur sont de la première classe de l'école de ce divin Maître (1). » Nous pouvons dire que notre Confrère n'a rien négligé pour être de la première classe des disciples du Sauveur. Il faisait consister l'essentiel et la perfection de la Charité dans la conformité à la volonté divine. Il aurait craint de prévenir ou de contrarier les desseins de la Providence, en recherchant tant soit peu, directement ou indirectement, les offices et les fonctions de notre Institut, en contribuant d'une manière quelconque à introduire dans la Compagnie des idées, des mesures, des usages opposés ou moins conformes à l'esprit de notre vocation, en n'accomplissant pas la règle et le devoir jusqu'au bout, en s'attribuant une autorité ou une influence qui ne lui appartenaient pas. La sainte volonté de Dieu, toute

---

(1) *Maximes de S. Vincent* et *Conférence sur la Conformité à la volonté de Dieu.*

la volonté de Dieu, rien que la volonté de Dieu dans les événements ou les circonstances, dans les affaires, dans les moindres choses : telle était la grande règle de sa conduite. Sachant que les actes produits par la Charité sont plus agréables au Seigneur et d'un ordre beaucoup plus parfait, il avait soin de faire toutes ses actions pour la gloire et l'amour de Dieu.

L'attachement au bon plaisir de Dieu, qui dispose tout pour notre vrai bonheur, le soutenait et le fortifiait au milieu des difficultés et des souffrances, l'aidant à supporter avec une douce résignation les fatigues, les épreuves, les croix de tout genre, et le faisant triompher des tentations et des obstacles. « Quand on aime, dit S. Augustin, il n'y a pas de peine, ou bien si elle existe, elle plaît et devient chère » (1).

La vraie Charité est le parfait dévouement à Dieu et aux hommes.

A Dieu, principe et fin de notre existence, à Dieu, source de tout ce qu'il y a d'aimable dans les créatures, à Dieu, souveraine perfection, suprême bonté, beauté éternelle, à lui le premier amour. Mais le second amour est dû au

---

(1) Ubi amatur, non laboratur, aut si laboratur, labor amatur. *S. Aug.*

prochain, et, selon le témoignage de Notre-Seigneur, il est semblable au premier (1) : pourquoi ? Parce que l'homme, dit le Docteur angélique, étant créé à l'image de Dieu, comblé de ses bienfaits et destiné à sa gloire, c'est Dieu lui-même que j'aime dans l'homme, quand j'aime mon prochain. L'amour du prochain n'est que l'extension et une forme nouvelle de l'amour de Dieu.

M. Aladel croyait fermement et proclamait en toute occasion que la Charité fraternelle est l'âme, le soutien, la prospérité et le bonheur d'une Communauté : *l'union fait la force*. Aussi s'appliquait-il avec soin à favoriser et à développer l'accord parfait et surnaturel des esprits et des volontés. Il disait que « la fusion, le dévouement mutuel et une douce subordination sont le cœur et la vie des Maisons et de la Compagnie tout entière ; qu'il faut tout préférer, tout sacrifier à ce bien suprême, à ce moyen par excellence d'établir l'harmonie et les plus suaves rapports entre les divers membres de la Congrégation, comme aussi d'obtenir le plein

---

(1) Hoc est maximum et primum mandatum... secundum autem simile est huic : Diliges proximum tuum sicut teipsum (*Matth.* xxii, 38, 39).

succès des œuvres (1). » Il pensait avec S. Vincent « qu'habiter là où règne la charité fraternelle, c'est être dans un paradis, puisqu'il n'y a rien de plus désirable et de plus délicieux que de vivre avec ceux qu'on aime et de qui on est aimé (2). » Quoique naturellement réservé, il avait au fond du cœur une propension et une véritable affection pour ses Confrères. Il paraissait heureux de se *faire tout à tous* et de rendre service à chacun, sans exception comme sans préférence. Lorsque ses occupations lui laissaient le temps de s'entretenir avec quelque Confrère en particulier, ou de se mettre en relation avec lui, celui-ci était étonné de le trouver si affectueux et si dévoué.

M. Aladel avait une grâce spéciale pour faire accepter et même aimer certaines décisions des Supérieurs, pour prévenir ou arrêter les causes de refroissement et de division, aussi bien que pour rétablir la paix et l'union des cœurs, lorsqu'elles venaient à être tant soit peu troublées. Se jugeant rempli de défauts, il était toujours prêt à excuser ceux des autres, et à les supporter dans le Seigneur. Mais il réprou-

---

(1) *Avis spirituels.*
(2) *Maximes de S. Vincent.*

vait hautement les railleries déplacées, les allusions ou les réparties piquantes, les médisances ou les calomnies, tout ce qui pouvait semer ou entretenir le malaise et la discorde, comme les indiscrétions, la susceptibilité, les censures ou les soupçons d'un esprit contentieux et opposé au bien. Il regardait les amitiés et les aversions particulières comme le *poison* de la Charité fraternelle et la ruine de l'esprit de communauté.

Cet homme de Dieu comprenait en même temps que la Charité est une vertu et non point une faiblesse. Il était bon et dévoué, jamais flatteur ni lâche. S'attachant à gagner les âmes par la douceur et la bienveillance chrétiennes, il se montrait compatissant pour les faiblesses humaines, miséricordieux ou indulgent pour le repentir, en un mot, plein de condescendance et de cordialité pour tous; mais son esprit de conciliation n'allait jamais jusqu'à condescendre à des doctrines ou à des maximes dangereuses, ni à approuver des mesures ou des actes contraires à la loi de Dieu, condamnés par le Saint-Siége ou par les Règles ou les usages de la Congrégation. Les exemples et l'enseignement des Saints, surtout ceux de notre Saint-Fondateur traçaient sa ligne de conduite. Il se tenait en garde contre le rigorisme et contre le relâchement. Il prenait les précautions les plus sages et les plus délicates pour ne blesser ni contrister personne, et, en même temps, il évitait la faiblesse d'une nature trop facile, qui approuve tout, qui accorde tout, et qui souvent, ne s'opposant pas au mal dans la crainte de contrarier le prochain, laisse le désordre s'enraciner, faute d'avoir su l'empêcher ou l'étouffer dès le principe.

Notre Confrère aimait et estimait beaucoup les diverses Compagnies suscitées par l'esprit de Dieu dans l'Église. Il ne voulait pas qu'on en parlât jamais défavorablement, et il se réjouissait en Dieu des bonnes œuvres qu'elles opéraient. Cependant comme l'enfant bien né, il nourrissait dans son cœur une affection plus forte et plus filiale pour la Congrégation de la Mission, qu'il appelait sa Mère, et il eût désavoué, comme étant de faux confrères, ceux qui n'auraient pas eu pour elle ce profond attachement. Son amour de la petite-Compagnie était sans bornes, invariable et tout à fait surnaturel : il confondait dans la même estime et affection ses Règles, l'Esprit qui les a inspirées, la perfection qu'elles y proposent, les œuvres, les Supérieurs et chacun des membres vivants et défunts. Il a principalement témoigné cette parfaite Charité par un dévouement ingénieux, qui le portait à coopérer de tout son pouvoir au maintien de *l'unité d'esprit dans le lien de la paix*, fruit précieux de la régularité, de la fidélité édifiante et de l'uniformité dans la pratique des maximes de Saint-Vincent.

M. Aladel avait une affection toute particulière pour les faibles, les indigents, surtout honteux, les enfants et les pauvres gens des champs. Il aimait à se rappeler comme le temps le plus heureux de son ministère ses jours de Missions dans la Picardie, où il a laissé les plus touchants souvenirs.

Dieu seul connaît toutes les bonnes œuvres auxquelles il a pris une part plus ou moins large pendant sa vie. Chaque appel fait à sa grande Charité était promptement suivi d'un don généreux et abondant.

Nous connaissons son dévouement à la belle Association des Enfants de Marie. Ajoutons ici que rien n'a égalé son dévouement à la Compagnie des Filles de la Charité, surtout lorsque la divine Providence lui en eut confié la direction. M. Aladel n'avait aucunement recherché cet office important, dont il se croyait tout à fait indigne. C'est la Très-Sainte Vierge qui lui confia proprement la conduite des Sœurs. Il savait depuis longtemps que cette Communauté était l'objet de la prédilection et des faveurs de la Mère de Dieu, et qu'elle était appelée à porter dans le monde entier la connaissance et l'amour de Jésus et de Marie avec le soulagement de toutes les misères humaines. C'est pourquoi il lui voua, dès le principe, l'attachement invincible et surnaturel dans lequel il s'est consumé à son service, de sorte qu'il eût pu dire avec l'Apôtre : Pour moi, je sacrifierai tout bien volontiers et je deviendrai moi-même holocauste pour vos âmes (1). Le sage Directeur comprit tout d'abord que sa mission consistait à conserver, dans la Compagnie des Filles de la Charité, l'esprit de S. Vincent et la pratique des vertus qui le composent. Pour atteindre cette double fin, il proposa l'amour de Marie-Immaculée et de la Règle. Le développement sensible de la dévotion envers cette divine Mère et son intervention toute-puissante contribuèrent largement au renouvellement spirituel des Sœurs dans l'Esprit-primitif et les observances de leur Institut. Ajoutez le rétablissement des anciens

---

(1) Ego autem libentissime impendam et superimpendar ipse pro animabus vestris. *II Cor.* xii, 15.

usages et des Règles dans leurs moindres détails, l'uniformité la plus parfaite existante aujourd'hui dans toutes leurs Maisons à l'aide d'un Coutumier, traçant les pratiques nécessaires de chaque jour de l'année et traduit dans toutes les langues principales de l'Europe, et vous aurez le secret de cette admirable régularité qui fait de chaque Maison une copie fidèle de la Maison-Mère. Ainsi M. Aladel, intimement uni à Saint-Vincent et à son digne successeur, imprima une précieuse et féconde unité de direction à toute la Communauté des Sœurs de la Charité.

Il leur était dévoué à la vie et à la mort, se dépensant et s'immolant chaque jour à leur service, sans jamais s'arrêter ni prendre un peu de repos. Cependant il était bien éloigné de les flatter; il se plaisait, au contraire, à les avertir charitablement de leurs défauts, et à leur proposer les meilleurs moyens de les corriger. Il ne cessait de les ramener à la simplicité, à l'humilité, à la charité, à la pureté, à la pauvreté et à l'obéissance, encore plus par ses exemples que par ses paroles. Il priait et se mortifiait à chaque instant pour leur sanctification. En même temps, il était toujours plein de réserve et de modestie dans ses rapports, aussi affable que discret dans ses entretiens, aussi pieux et sage dans ses conseils et sa direction spirituelle que zélé à maintenir parmi elles l'ordre et la régularité. Appliqué à prévenir les abus ou le relâchement, il réussissait en même temps à cimenter l'union des esprits et des cœurs. Son office était toujours rempli avec le plus pur désintéressement. Il ne voulut jamais rien accepter de la part des Sœurs. Un jour l'une d'elles, après avoir inutilement insisté pour lui faire agréer quelque objet, le lui adressa par la poste. M. Aladel, voyant qu'il n'avait pas été compris, lui renvoya l'objet par le même courrier, avec prière de ne plus recommencer à l'avenir. Nous pourrions citer d'autres traits analogues. Il se conformait avec autant de zèle que de fermeté aux prescriptions des Circulaires du Supérieur général, qui ont pour but de régler et de sanctifier nos rapports avec les Sœurs de la Charité. Il avait le soin délicat de ne point entrer dans les affaires qui n'étaient point de sa compétence, évitant par-dessus tout ce qui aurait pu tant soit peu leur faire suspecter son parfait dégagement des intérêts ou avantages temporels; il poussait sous ce rapport les précautions jusqu'à une réserve extrême ; ce qui les édifiait beaucoup et doit aussi servir d'exemple. En un mot, il cherchait purement et simplement la sanctification des Filles de la Charité. Voilà pourquoi il s'était acquis et avait conservé près d'elles une confiance illimitée et une si haute réputation de vertu. Elles le regardaient à juste titre comme l'homme de bon conseil et de vrai dévouement, comme le Missionnaire rempli de l'esprit de Saint-Vincent et de l'amour de Jésus et de Marie.

CHAPITRE IV

AMOUR DE JÉSUS ET DE MARIE.

Jésus-Christ ! A ce nom sacré qui est *au-dessus de tout nom*, l'âme pieuse tressaille d'allégresse, *tout genou fléchit, au ciel, sur la terre* et dans les enfers, et *toute langue confesse que le Seigneur Jésus possède la gloire infinie de son Père* (1), avec *qui il ne fait qu'un* (2). Jésus-Christ, c'est *le fils du Dieu vivant* (3), *le Verbe incarné* (4) pour l'amour des hommes, *Dieu avec nous*, Dieu parfait et homme parfait dans l'unité ineffable de la personne divine ; Celui qui contient *la plénitude de la grâce et de la vérité* (5),

---

(1) Donavit illi nomen quod est super omne nomen, ut in nomine Jesu, omne genu flectatur cœlestium, terrestrium et infernorum ; et omnis lingua confiteatur quia Dominus Jesus Christus in gloria est Dei Patris. *Philipp.* II, 9, 10, 11.
   (2) Ego et Pater unum sumus. *Joann.* X, 30.
   (3) Tu es Christus Filius Dei vivi. *Matth.* XVI, 16.
   (4) Verbum caro factum...
   (5) Plenum gratiæ et veritatis. *Joann.* I, 14.

tous *les trésors de la sagesse et de la science* (1), *tous les dons et toutes les largesses du Saint-Esprit* (2), *toutes les richesses de la divinité* (3). C'est *l'Agneau de Dieu qui ôte les péchés du monde* (4), le prêtre (5) et la victime par excellence, *l'unique médiateur* du ciel et de la terre (6), le Rédempteur et le Sauveur du genre humain, le *Restaurateur universel* (7), le *Chef* et le Pontife *suprême de l'Église* (8), le *principe de tout* (9), le fondement hors *duquel aucun autre fondement ne peut être posé* (10), *le Roi immortel des siècles* (11), qui vit et règne dans le cours des

(1) In quo sunt omnes thesauri sapientiæ et scientiæ absconditi. *Col.* II, 3.
(2) Requiescet super eum Spiritus Domini. *Isaïe* XI, 2.
(3) In ipso inhabitat omnis plenitudo divinitatis. *Col.* II, 9.
(4) Ecce Agnus Dei, ecce qui tollit peccatum mundi. *Joann.* I, 29.
(5) Tu es sacerdos in æternum. *Hebr.* V, 6.
(6) Unus et Mediator Dei et hominum, homo Christus Jesus. *I Timoth.* II, 5.
(7) Instaurare omnia in Christo. *Eph.* I, 10.
(8) Ipse est Caput corporis Ecclesiæ. *Col.* I, 18.
(9) Qui est principium... ut sit in omnibus ipse primatum tenens. *Col.* I, 18.
(10) Fundamentum enim aliud nemo potest ponere, præter id quod positum est, quod est Christus Jesus. *I Corinth.* III, 11.
(11) Regi autem sæculorum immortali, invisibili, soli Deo honor et gloria in sæcula sæculorum, amen. *I Timoth.* I, 17.

âges pour le bonheur du monde et la gloire éternelle de Dieu. Telle est la fleur des plus beaux passages de la Sainte-Écriture recueillis par M. Aladel sur Notre-Seigneur Jésus-Christ. Il ne pouvait se lasser de contempler et d'admirer le magnifique spectacle des grandeurs et des merveilles que la foi nous révèle en sa personne adorable. Les augustes mystères, les amabilités infinies, la doctrine toute céleste, les vertus parfaites de l'Homme-Dieu étaient l'objet principal et constant de ses pieuses pensées et de ses plus saintes affections. Il avait compris que Jésus seul peut nous rendre véritablement heureux, que sa vérité pure et immuable est uniquement capable de satisfaire notre esprit, comme son immense charité, de contenter notre cœur. C'est pourquoi il s'était intimement et irrévocablement attaché à ce bien suprême de nos âmes. Saint-Vincent lui avait appris, dès le début de sa vocation, que l'amour de Jésus doit embraser le vrai Chrétien, le prêtre catholique et le bon Missionnaire.

A l'exemple de Saint-Vincent, le divin Sauveur des hommes était son tout : *Rien ne lui plaisait qu'en Jésus-Christ;* Jésus-Christ était le centre de ses affections, l'âme de son âme, le principe et le mobile de sa conduite, le commencement, le soutien, le modèle, la fin et le succès de ses œuvres. C'est surtout en étudiant Saint-Vincent que M. Aladel avait compris *la largeur et la longueur, la hauteur et la profondeur de la charité de Jésus-Christ* (1). C'est dans l'une de ses premières retraites de Saint-Lazare que, pressé par *cette charité divine* (2), il s'était écrié : *Qui me séparera de l'amour de Jésus? Ni la tribulation, ni l'angoisse, ni la faim, ni la nudité, ni le péril, ni la persécution, ni le glaive, ni la mort, ni la vie, ni aucune créature* (3). Il faisait fréquemment ses méditations, ses lectures spirituelles, ses instructions sur les biens inestimables et les trésors infinis que nous possédons en Notre-Seigneur, et il insistait sur la grâce précieuse de notre *adoption* céleste, laquelle ne nous confère pas seulement le *nom*, mais encore *le titre* et *la réalité d'enfants* de Dieu, de fils et d'héritiers du Père, de membres et de

---

(1) Ut possitis comprehendere cum omnibus sanctis quæ sit latitudo et longitudo et sublimitas et profundum, scire etiam supereminentem scientiæ charitatem Christi. *Eph.* III, 18, 19.

(2) Charitas Christi urget nos. *II Corinth.* v, 14.

(3) Quis nos separabit a charitate Christi? Tribulatio? an angustia, an fames, an nuditas, an periculum, an persecutio, an gladius? Neque mors, neque vita... neque creatura alia poterit nos separare a charitate Dei quæ est in Christo Jesu Domino nostro. *Rom.* VIII, 35, 38, 39.

cohéritiers du Fils, de temples sacrés de l'Esprit-Saint, assemblage de prérogatives qui nous rend *participants* de la nature divine (1).

Le pieux Missionnaire entretenait soigneusement dans son âme la grande dévotion à Jésus caché et immolé pour notre amour dans le saint sacrement et le saint sacrifice de l'Eucharistie. Il ranimait sans cesse son esprit de foi et sa ferveur envers ce mystère, le plus auguste de tous. L'on voit, d'après ses résolutions, qu'il rendait de fréquentes visites à Notre-Seigneur présent sur nos autels, lui offrant ses profonds hommages et ses humbles supplications. On reconnaissait à son attitude recueillie et à son air pénétré, qu'il était heureux d'épancher son cœur devant le trône de la charité infinie, voilée sous les espèces sacramentelles, de lui communiquer ses pensées, ses désirs, ses besoins, et de lui recommander les intérêts de Dieu et des âmes. Il s'était préparé aux saints Ordres

---

(1) Accepistis Spiritum adoptionis in quo clamamus : Abba (Pater.) *Rom.* VIII, 15. — Videte qualem charitatem dedit nobis Pater, ut filii Dei nominemur et simus. *I Joan.* III, 1. — Si filii et hæredes, hæredes quidem Dei, cohæredes autem Christi. *Rom.* VIII, 17. — Membra vestra templum sunt Spiritus sancti, qui in vobis est. *I Corinth.* VI, 19. — Ut per hæc efficiamini divinæ consortes naturæ. *II Petr.* I, 4.

par un ardent amour de Jésus, souverain Prêtre et victime perpétuelle du Nouveau-Testament. C'est surtout depuis sa promotion à la prêtrise, qu'il a senti redoubler sa piété envers l'adorable Eucharistie, où Notre-Seigneur renouvelle continuellement le sublime sacrifice de la Croix et daigne s'offrir, chaque jour pour le salut et la sanctification du monde. Nous découvrons, dans le Recueil de ses pratiques, les sentiments admirables avec lesquels il célébrait tous les ans le beau jour de sa consécration sacerdotale. « C'était pour lui un jour de ferveur, de reconnaissance et de douce joie; il entrait alors plus intimement dans le Sacré-Cœur de Jésus, afin d'être plus recueilli et de passer en quelque sorte la journée dans une oraison continuelle en action de grâces; il se rappelait quelques passages de l'Écriture ou des Pères relatifs à sa sublime vocation; avec le cœur contrit et humilié du Roi-Prophète, il faisait amende honorable à Notre-Seigneur de toutes ses fautes dans l'exercice des fonctions ecclésiastiques; enfin il excitait en son âme le nouveau désir d'en mieux remplir toutes les obligations (1). »

M. Aladel célébrait chaque jour le saint sacrifice

---

(1) *Recueil de piété.*

de la messe avec une foi vive, une piété touchante, une exactitude parfaite, une dignité à la fois noble, simple et édifiante. Dans cette divine action, on le voyait absorbé en Dieu et comme abîmé dans la grandeur de nos saints Mystères et dans l'aveu et la reconnaissance de sa bassesse. Il attachait la plus haute importance à la préparation et à l'action de grâces; avant, pendant et après le saint Sacrifice, il avait soin de s'unir aux intentions, aux sentiments et aux dispositions avec lesquels Jésus-Christ s'est offert lui-même pour l'amour de nous, dans la dernière Cène et sur l'autel de la Croix, priant la Très-Sainte Vierge et les Saints de suppléer par leur intercession et leurs mérites à son indignité. C'est ainsi qu'il puisait chaque jour à cette source divine la vie, la lumière, la force et toutes les bénédictions pour lui-même, comme pour les autres. Il officiait aux principales fêtes avec une modestie grave et une tendre ferveur. A la Fête-Dieu, à l'Adoration perpétuelle, aux saluts du Saint-Sacrement, aux jours les plus solennels comme aux jours ordinaires, il déployait toute l'ardeur de son zèle pour la décence et même l'éclat du culte catholique : tout était prévu et réglé d'avance; il exigeait une exécution convenable du chant et le parfait accomplissement des cérémonies. Son esprit de foi ne pouvait souffrir la moindre infraction ni la moindre négligence dans le service de Dieu. Ce prêtre selon le cœur de Jésus-Christ s'attachait surtout à le faire connaître et aimer dans l'Eucharistie. Il aurait voulu attirer toutes les âmes à cet aimable Sauveur et les enflammer du feu sacré de l'amour divin. Ses exemples autant que ses paroles les excitaient en effet à se ranimer, à se renouveler et à se sanctifier près du saint tabernacle. Il les exhortait avec ferveur à la communion fréquente, et en même temps il ne négligeait rien pour assurer en elles les dispositions qu'exige le Sacrement par excellence et l'accomplissement de cette promesse suprême : *Je suis le Pain vivant, descendu du Ciel pour donner la vie au monde... Celui qui mange ma chair et qui boit mon sang demeure en moi, et je demeure en lui... Il vivra pour moi... Il vivra éternellement* (1).

---

(1) Ego sum panis vivus, qui de cœlo descendi... Panis quem ego dabo caro mea est pro mundi vita... Qui manducat meam carnem et bibit meum sanguinem, in me manet et ego in illo... Qui manducat me, et ipse vivet propter me... Qui manducat hunc panem vivet in æternum. *Joann.* VI, 5, et seq.

M. Aladel a toujours nourri dans son cœur une vive et profonde dévotion à la Sainte-Passion du Sauveur. Pendant la Semaine-Sainte, on le voyait déployer un courage nouveau contre les fatigues du ministère qui l'accablaient; il tenait à célébrer dignement les augustes mystères de la Rédemption. Il consacrait tous les vendredis de l'année à les honorer d'une manière très-spéciale. Ce jour-là, vers trois heures de l'après-midi, il volait en esprit au pied de la Croix, et avec une compassion amoureuse implorait les bénédictions du divin Crucifié. Il aimait à ériger le Chemin de la Croix dans les églises ou oratoires, en vertu des pouvoirs reçus à cet effet de notre Saint-Père le pape Léon XII, et il profitait de l'occasion pour démontrer l'excellence et les fruits de ce salutaire exercice. Son âme fut inondée des sentiments d'une joie reconnaissante, à la vue des admirables effets du Scapulaire de la Passion et des Sacrés-Cœurs de Jésus et de Marie, propagé par les soins de la petite-Compagnie dans tout l'univers. Que d'humbles actions de grâces n'a-t-il pas rendues au Seigneur pour ce précieux trésor dont sa munificence a daigné enrichir les deux Familles de Saint-Vincent! A ses yeux, la révélation du Scapulaire rouge n'était que le magnifique développement et comme le couronnement de l'apparition de la Vierge-Immaculée dans la chapelle des Sœurs. « Marie, disait-il, ne s'est manifestée aux Enfants de S. Vincent que pour les exciter à se renouveler plus parfaitement dans l'amour de son divin Fils. Effectivement quoi de plus propre à le ranimer en nous, que la contemplation de Jésus crucifié pour notre amour?... Quel plus puissant moyen pour unir inséparablement dans nos cœurs la double dévotion envers les Sacrés-Cœurs de Jésus et de Marie, et nous enchaîner pour toujours à leur service et à l'imitation de leurs perfections (1)! » Nous avons été saisis d'étonnement et d'édification en trouvant parmi ses manuscrits un nombre très-considérable d'instructions solides, d'allocutions touchantes, de pieuses méditations sur les divers mystères de la Sainte-Passion de Notre-Seigneur Jésus-Christ.

La dévotion au Sacré-Cœur de Jésus lui semblait résumer d'une manière excellente toutes les autres dévotions envers Notre-Seigneur. En effet, le culte du Sacré-Cœur est comme la quintessence même du Christianisme,

---

(1) *Recueil d'instructions, allocutions... Sainte-Passion de Jésus.*

le sommaire substantiel et l'âme de toute la religion de Jésus-Christ, *qui nous a aimés et s'est livré pour nous en oblation à Dieu et en hostie de suave odeur* (1). Présence réelle et permanente, sainte Communion, saint Sacrifice, fruits abondants et perpétuels de la Croix, tout ce qui nous confond, nous ravit, étonne l'esprit et touche le cœur, trouve sa raison d'être dans le mot de S. Jean : *Il nous a aimés jusqu'à la fin*, et en nous aimant jusqu'à la fin, il nous a aimés d'un amour sans fin. Dans la dernière Cène et sur le Calvaire, Jésus a consommé le plus grand miracle de son amour; et le sanctuaire de cet amour, le sacré Cœur, est la vive représentation, la fournaise toujours ardente et le mémorial éternel de l'immense Charité du Fils de Dieu pour les enfants des hommes. Voilà pourquoi M. Aladel proclamait le Sacré-Cœur de Jésus, le *grand foyer de la dévotion.* Voilà pourquoi il aimait tant à multiplier ses adorateurs *en esprit et en vérité*, agrégeant des milliers de personnes à *l'association* du Sacré-Cœur, les excitant à l'imitation de son esprit et de ses vertus, et à lui faire amende honorable

---

(1) Christus dilexit nos et tradidit semetipsum pro nobis, oblationem et hostiam Deo in odorem suavitatis. *Eph.* v, 2.

pour les outrages qu'il ne cesse de recevoir de la part des pécheurs et des impies.

Il revenait sans cesse dans ses exhortations sur la *solidité* et *l'efficacité* de l'amour de Jésus. « L'amour véritable et généreux porte invinciblement à la conformité avec l'objet aimé; c'est pourquoi il faut nous revêtir de Jésus-Christ, nous animer des sentiments de Jésus-Christ et vivre de la vie de Jésus-Christ. » C'était l'une de ses fortes et principales maximes. Or ce qu'il enseignait aux autres, il commençait par l'observer lui-même. Il se dévouait à tous pour l'amour de Jésus. Avant de donner une réponse tant soit peu importante, de résoudre une difficulté, de se livrer à une entreprise, de prendre une détermination quelconque, il avait l'habitude de se recueillir quelques instants pour consulter Dieu intérieurement et se demander : « Qu'eût fait et dit Notre-Seigneur en pareille occasion? » Il avait appris à l'école de la Croix et de Saint-Vincent à souffrir, à prier, à exercer le saint ministère et à faire toutes ses actions en l'union, à l'honneur et pour l'amour de Jésus-Christ. Il avait soin de renouveler souvent cette intention dans le cours de la journée, surtout au commencement des principaux exercices et dans les circonstances ou les épreuves un peu plus graves. En un mot, il eût pu s'appliquer la parole de l'Apôtre, *ce n'est plus moi qui vis, c'est Jésus-Christ qui vit en moi* (1).

Jésus est né de la Vierge *Marie* (2). Ces deux mots avaient révélé à M. Aladel le fondement solide, le rempart inexpugnable de la dévotion envers la Mère de notre Sauveur. A ses yeux, cette grande dévotion n'était que le *culte de Jésus en Marie et le culte de Marie en Jésus*. La Vierge-Immaculée étant devenue la Mère du Fils de Dieu, a contracté avec le *Verbe fait chair* des liens sacrés et ineffables, des rapports intimes et indissolubles de parenté divine. Ce qui a fait dire à S. Thomas qu'elle confine ou touche en quelque sorte à la *divinité*. Dès lors la gloire du Fils rejaillit essentiellement sur la Mère, la couvre de sa splendeur et la rend infiniment vénérable; dès lors il n'est plus permis d'honorer Notre-Seigneur sans honorer en même temps Celle qui lui a donné naissance. D'un autre côté, les hommages que nous offrons à la Mère se rapportent nécessairement au Fils, et Jésus-Christ est d'autant plus glorifié que sa

---

(1) Vivo autem, jam non ego; vivit vero in me Christus. *Gal.* II, 20.
(2) Maria de qua natus est Jesus qui vocatur Christus. *Matth.* I, 16.

Mère est plus glorifiée par Lui et à cause de Lui. C'est pourquoi la dévotion à Jésus et la dévotion à Marie étaient inséparables dans le cœur de notre pieux Confrère : elles s'appelaient l'une l'autre, s'enchaînaient admirablement, et se confondaient dans ses affections et dans son culte. Ce n'était pas chez lui une piété purement sentimentale, mais bien une piété toute de conviction et de dévouement. Il connaissait le rôle suréminent assigné à la Très-Sainte Vierge dans le plan divin et l'économie du Christianisme; car pour en accomplir les principaux mystères, le Très-Haut a demandé la coopération formelle et efficace de Marie, qui est devenue la Mère de la vie surnaturelle, la Co-Rédemptrice du genre humain, la Reine de l'Église catholique, et qui a été établie pour jamais trésorière et dispensatrice de toutes les grâces. Vivement pénétré de ses divines grandeurs, de sa sainteté incomparable, de sa toute-puissance sur le cœur de son adorable Fils, de sa bonté infinie envers les enfants des hommes, M. Aladel ne regardait pas le culte de la Sainte-Vierge comme une pratique additionnelle et surérogatoire, mais bien comme un des éléments spirituels du Christianisme, attendu que la Religion chrétienne est la religion du Fils de Marie, et que séparer le Fils de la

Mère, c'est diviser ce que la sagesse éternelle a uni. Le digne Missionnaire croyait fermement qu'on ne trouve Jésus qu'avec Marie et par Marie, et qu'on n'arrive sûrement au Fils que par la Mère. Il estimait l'intercession de Marie-Immaculée comme le moyen le plus efficace pour obtenir la conversion, le renouvellement intérieur, le progrès spirituel et toutes les faveurs du Ciel : tel était le sujet capital de toutes ses espérances (1). Pourquoi a-t-il eu une prédilection marquée pour Saint-Jean l'Évangéliste et le fervent Saint-Bernard ? Parce que le Disciple de la Charité et le Docteur peut-être le plus onctueux de l'Église lui enseignaient mieux à imiter Jésus et Marie.

M. Aladel s'était placé de bonne heure sous l'insigne patronage de la Mère de Dieu. Dès sa plus tendre enfance, il avait appris à tenir ses regards fixés sur cette Étoile de la mer, qui nous guide heureusement à travers les écueils de la vie humaine jusqu'au port du salut. C'est à Marie qu'il se croyait redevable de tout, après Jésus, et en particulier de sa vocation au sacerdoce et à la petite-Compagnie. Il conçut un vif

---

(1) Hæc est mea maxima fiducia, hæc est tota ratio spei meæ. *S. Bernard.*

désir d'être admis dans son sein, quand il sut que les Enfants de Saint-Vincent faisaient une profession toute spéciale de dévotion envers la Sainte-Vierge. Arrivé sous ses auspices à l'époque des Vœux, et désirant les émettre en la fête de sa Présentation, il demanda à cette intention un délai de quelques jours. Le Directeur décida qu'il valait mieux se consacrer sans retard à Notre-Seigneur Jésus-Christ, et faire les saints Vœux le jour indiqué par la Règle, tout en se recommandant d'une manière particulière et en se dévouant pour jamais à Marie-Immaculée. Cette Mère miséricordieuse eut pour agréables les intentions et l'obéissance de son bon serviteur, car elle ne cessa point de le protéger et de le bénir jusqu'à sa dernière heure.

Ceux qui avaient de fréquents rapports avec lui ont pu admirer combien sa dévotion à Marie était à la fois affectueuse et solide.

Il aimait et vénérait la Reine du ciel et de la terre comme le chef-d'œuvre de la toute-puissance de Dieu, le prodige le plus touchant de sa bonté : très-auguste Fille du Père, très-sainte Mère du Fils, Épouse privilégiée du Saint-Esprit, Vierge toute pure, toute belle, toute Immaculée et toute pleine de grâce, depuis le premier instant de sa Conception, et toujours exempte de la moindre souillure, toujours comblée des dons célestes, et par conséquent la plus parfaite des créatures après la sainte humanité de son Fils, d'une sainteté sans égale et élevée à la plus haute dignité après Dieu. Il la proclamait la grande Médiatrice des hommes, la meilleure des Mères, la source de toutes les bénédictions, la gardienne de la foi catholique, l'aurore du Soleil de justice, qui nous a manifesté Jésus dans toute sa grandeur et dans toutes ses amabilités, et qui se plaît à *éclairer* ses enfants des lumières de l'esprit de foi (1) ; la Mère de l'*espérance* chrétienne, puisque la dévotion à Marie est la marque la plus certaine du salut, le signe le plus assuré de prédestination, le moyen le plus efficace de trouver et de posséder Jésus (2); la Mère du *bel amour*, qui a enfanté la *Charité* même et qui ne nous permet d'aimer la Mère que pour aimer davantage le Fils (3). Il la proposait comme le modèle accompli de toutes les vertus, en particulier de la Charité, de la simplicité, de l'humilité, de la pureté et de l'amour de la Croix. Tels sont les divers points de vue

(1) Ego Mater agnitionis. *Eccli.* XXIV, 24.
(2) Ego Mater sanctæ spei. *Id. Ibid.*
(3) Ego Mater pulchræ dilectionis. *Id. Ibid.*

sous lesquels il montrait Celle qu'il appelait la *grande merveille de Dieu*. Tel était le sujet favori de ses exhortations et de ses conférences, de ses réflexions et de ses écrits. Entendons-le parler des trésors enfermés dans le sacré Cœur de Marie :

« Marie, notre Mère, notre Reine, est au Ciel. Ne semblerait-il pas qu'au moment où la sainte Sion se réjouit de sa présence, nous dussions déplorer ici qu'elle ait quitté l'exil? Gardons-nous toutefois de nous abandonner à la douleur; car si son éminente dignité de Mère de Dieu l'a élevée au plus haut degré de gloire, dans la cité des Saints, son amour de Mère des hommes l'abaisse jusqu'à l'abîme de notre misère, pour devenir notre modèle et notre secours... L'amour vit partout où il aime... Cet amour qui nous reste, c'est son Cœur... Cœur de Marie, don ineffable que nous légua le Sauveur mourant, comme gage de sa miséricorde et de notre pardon ! Présent magnifique dont nous ne connaîtrons l'inestimable valeur qu'au jour où nous verrons à la lumière de l'éternité ce qu'est le Cœur de la Mère d'un Dieu, devenu le Cœur de notre propre Mère... Ce chef-d'œuvre accompli de toute perfection est notre véritable trésor; trésor d'exemples et trésor de grâces.

« Trésor d'exemples. — Dès l'instant de son Immaculée-Conception, le cœur de la plus pure des Vierges devint le sanctuaire admirable de toutes les vertus. Elles y régnèrent aussitôt en souveraines et y établirent pour jamais le règne de Dieu. Là on ne vit jamais que dépendance de Dieu seul, amour de Dieu seul, fidélité à Dieu seul. Ces trois points renferment tout le secret de la perfection du Cœur immaculé de Marie, tout le secret du progrès merveilleux qui la rendit de plus en plus l'objet des complaisances divines. Rien n'a jamais pu ternir ce miroir sans tache de la sainteté, et les rayons du Soleil de Justice l'ont fait briller encore d'un nouvel éclat, bien supérieur au premier. Tous les mystères du Dieu fait homme se reproduisirent en quelque sorte dans le Cœur de la Mère par l'union et par l'amour; et le Verbe incarné devint l'âme de son âme, le cœur de son cœur, la vie de sa vie.

« Serviteurs de Marie, voilà le tableau que vous devez avoir sans cesse devant les yeux. L'héritage d'un enfant bien né est le souvenir des vertus de sa mère. Il se nourrit de ses leçons, il se pénètre de ses exemples, il les retrace dans toute sa conduite. Plaçons donc pour jamais nos cœurs vis-à-vis de ce Cœur; sa douce lumière nous aidera à discerner toutes les taches de notre âme, sa beauté ravissante excitera nos saints désirs; plus nous contemplerons son éclatante pureté, plus notre horreur du péché nous fera fuir jusqu'à l'ombre du mal; plus nous découvrirons l'excellence de ses rares vertus, plus nous nous efforcerons de lui devenir conformes... Que ce cœur règle désormais tous les mouvements de mon cœur; et qu'il en soit le cachet pour y imprimer uniquement le sceau et la marque de Jésus-Christ!

« Trésor de grâces. — C'est cette fontaine d'eau vive d'où découlent toutes les faveurs du Ciel. Jésus-Christ est sorti de son sein comme une source salutaire, afin de nous arroser de son sang, de nous parer de ses mérites et de nous élever ensuite par sa miséricorde infinie jusque dans son royaume. Mais le cœur de Marie est le canal de ces eaux divines qui *rejaillissent jusqu'à la vie éternelle*. Ces eaux se répandent sur toute la terre; elles ne s'épuisent jamais, parce qu'elles sortent de la source inépuisable de la Divinité, et leur admirable vertu renferme le remède universel à tous les maux... Oh! qui me donnera de pouvoir me faire entendre à tous les hommes? qui me donnera de pouvoir crier à tous : Venez, pauvres altérés, accourez à cette fontaine miraculeuse, buvez de cette eau... Morts! elle donne la vie!... malades! elle rend la santé!... justes! elle conserve la grâce!... affligés! elle communique les véritables consolations!... Buvez donc tous!... Heureux ceux qui s'enivrent, mais mille et mille fois heureux ceux qui se plongent, qui se noient, qui se perdent dans ces eaux vivifiantes!... Ils y trouvent la possession du souverain bien pour le temps et pour l'éternité...

« O Marie! vous avez ravi mon cœur... J'ai entrevu vos charmes, j'ai médité vos glorieux priviléges et j'ai résolu de vivre et de mourir dans le sanctuaire de votre Cœur-Immaculé... Je me donne, je me livre à vous, je vous consacre mon âme, mon esprit, ma volonté, mon corps, mes sens, tout moi-même... Que je vive désormais de la vie de Marie, afin de vivre plus parfaitement de la vie de Jésus! O Vierge fidèle, gardez mon cœur dans votre Cœur, et souffrez que je garde toujours votre Cœur dans le mien, afin qu'après avoir vécu d'union avec vous dans l'amour de Jésus, je vous sois uni éternellement dans sa possession et dans sa gloire (1)! »

---

(1) Neuvaine de méditations en l'honneur de Marie-Immaculée, 9ᵉ jour.

Ce zélé serviteur de Marie déclarait que l'on ne peut pas excéder dans la vraie dévotion à la Sainte-Vierge ; et, à ce sujet, il a plusieurs fois rapporté la réponse d'un grand Saint accusé d'exagération sur cette matière : « Vous allez trop loin, lui disait-on, vous rendez trop d'hommage à une simple créature. — Ah ! répondit le Saint avec conviction et énergie, si c'est trop d'honneur pour la Mère, ce n'est pas trop d'honneur pour le Fils, qui est Dieu !... » Le Saint avait raison, ajoutait notre Confrère ; jamais nous n'exprimerons assez haut les louanges de la Mère de Dieu, jamais nous ne lui témoignerons trop d'amour et de dévouement : *De Maria nunquam satis.*

M. Aladel s'attachait non-seulement à proclamer les gloires de Marie, mais encore et surtout à l'honorer et à l'imiter en toute sa conduite. Chaque jour, il lui adressait ses prières et lui offrait ses bonnes œuvres. Il était heureux de mettre tous ses exercices sous son auguste protection par l'invocation répétée : *O Marie, conçue sans péché, priez pour nous qui avons recours à vous !* Tous les matins, il confiait la garde de son cœur au Cœur-Immaculé de Marie, afin de n'aimer et de ne rechercher que Dieu seul, *en tout et par-dessus tout.* Sa ferveur et sa confiance se ranimaient dans toutes les prières à la Sainte-Vierge, particulièrement dans la récitation du chapelet, à laquelle il s'est montré amoureusement fidèle, chaque jour de sa vie. Tous ses projets, toutes ses mesures, toutes ses entreprises, toutes ses actions, comme toutes ses difficultés et toutes ses épreuves, étaient assidûment et instamment recommandés à la Mère de la grâce et de la miséricorde : c'est d'elle qu'il attendait tout succès et toute bénédiction. Chaque semaine, il consacrait spécialement le samedi en son honneur, et renouvelait devant elle l'examen de la semaine précédente et les résolutions pour la semaine suivante. Chaque mois, il consacrait aussi un jour particulier, pour lui confier ses intérêts les plus chers, faire son exercice de préparation à la bonne mort et s'occuper de sa sanctification. Il célébrait avec une joie suave et une piété vraiment filiale les fêtes de la Sainte-Vierge ; et ce qui a toujours attaché son cœur à la vraie et pure liturgie du Bréviaire et du Missel romains, c'est que les fêtes de Notre-Seigneur et de son auguste Mère y sont plus multipliées et y inspirent une dévotion plus touchante. Ce pieux Missionnaire profitait avec soin de toutes les occasions pour se ranimer dans le culte parfait de Marie, ainsi que pour la faire connaître et aimer. Au milieu de ses fatigues, dans l'état de faiblesse et d'épuisement de ses dernières années, il se sentait revivre dès qu'il pouvait parler de la Sainte-Vierge ou coopérer de quelque manière à sa plus grande gloire. Que n'a-t-il pas dit, que n'a-t-il pas fait pour propager dans tout l'univers l'amour de Marie-Immaculée au moyen de la Médaille miraculeuse, du Scapulaire de l'Immaculée-Conception et de l'Association des Enfants de Marie! Il faisait consister principalement le culte de la Mère de Dieu dans l'imitation de ses vertus : toute dévotion qui ne s'appuyait pas sur ce fondement, qui ne tendait pas vers ce but, était fausse ou suspecte à ses yeux. Après Jésus, Marie était tout pour lui ; mais, afin d'épurer, de fortifier et de perfectionner la piété envers Marie, il ne la séparait jamais de la piété envers Jésus : *Tout à Marie et par Marie pour Jésus :* tel est le résumé substantiel de ses pratiques et de ses maximes sur ce point.

Son âme a tressailli d'allégresse en apprenant la définition de l'Immaculée-Conception de la Sainte-Vierge. Ce jour-là, le vœu le plus intime et le plus ardent de son cœur a été comblé, et il n'a jamais cessé de remercier et de glorifier Dieu de ce grand événement et des résultats extraordinaires qu'il devait amener dans la suite des siècles.

Voici comment sa foi et sa piété savaient l'apprécier : « Rien n'est populaire comme le nom de Marie! Chose remarquable, notre siècle est bien peu croyant; il croit cependant, quoi qu'on en dise, plus qu'il ne le voudrait peut-être. Ce qui le prouve, c'est qu'il est par excellence le siècle de Marie. Jamais son culte n'eut plus d'éclat, jamais plus d'universalité... L'univers catholique est encore et demeurera longtemps sous l'impression causée par la proclamation du dogme de l'Immaculée-Conception de la bienheureuse Vierge Marie. Jamais, dans la durée de l'Église, mouvement pieux ne remua la dévotion des fidèles avec une telle promptitude, à de telle profondeurs et avec un tel enthousiasme. Aussi, quel événement et quelles circonstances! C'est peu de temps après que l'exil de Gaëte a porté les esprits faibles à douter du sort de la Papauté, qu'une parole tombée de la bouche de Pie IX fait incliner avec le respect de la foi deux cent millions de fronts catholiques. C'est dans un siècle où une science superbe affecte de ne croire ni au péché originel, ni à l'Incarnation du Verbe, ni à la Rédemption du genre humain, ni à la nécessité de la grâce, que l'Église proclame par la voix apostolique du Vicaire de Jésus-Christ, qu'en vertu des mérites du Très-Saint Rédempteur qui devait s'incarner dans son sein, Marie a été, par un privilége ineffable, préservée (1), dès le premier instant de sa Conception, de la tache originelle. Glorieuse prérogative, que la Compagnie vénérait déjà avec amour et a toujours confessée, depuis Saint-Vincent ! Qu'elle fut heureuse de l'entendre proclamer comme un article de foi par l'autorité qui a reçu de Dieu la promesse d'être infaillible (2) ! »

Notre pieux Confrère était ravi d'admiration en voyant la bonté et la munificence de Marie envers la Congrégation de la Mission et la Compagnie des Filles de la Charité. « Non, non, disait-il souvent, nous n'aimons pas assez notre Mère qui nous a tant bénis, sauvés, protégés, enrichis, favorisés de mille manières : tout

---

(1) Sane vetus est Christifidelium erga Beatissimam Matrem Virginem Mariam pietas sentientium ejus animam *in primo instanti* creationis atque infusionis in corpus fuisse, speciali Dei gratia et privilegio, intuitu meritorum Jesu Christi, ejus Filii, humani generis Redemptoris, a macula peccati originalis præservatam, immunem, atque in hoc sensu ejus Conceptionis festivitatem solemni ritu colentium et celebrantium. (Ex Bulla dogmatica Pii Papæ Noni.)

(2) *Recueil d'Instructions.* La très-sainte Vierge.

Enfant de Saint-Vincent devrait être consumé de l'amour de Jésus et de Marie. »

Après la dévotion à Jésus et à Marie venait dans son cœur la dévotion à S. Joseph et à Saint-Vincent. Mais, pour ne pas trop allonger ce chapitre, contentons-nous de ce qui a été dit de son zèle pour la Sainte-Vierge. Cela suffit pour nous faire deviner sa dévotion envers le Saint-Époux de la Mère de Dieu, comme aussi tous les détails précédents dépeignent et expriment suffisamment sa dévotion envers notre Bienheureux Père et Fondateur. Mais, parmi les vertus de Jésus, de Marie, de S. Joseph et de Saint-Vincent, il s'attachait principalement à celles qui composent l'esprit de notre Vocation et qui se rapportent à nos saints Vœux.

CHAPITRE V.

ESPRIT DE SIMPLICITÉ ET D'HUMILITÉ.

Tous ceux qui ont connu M. Aladel s'accordent à dire qu'il était rempli de l'Esprit de la Mission, esprit qui n'est qu'une communication abondante de celui même de Notre-Seigneur, et nous fait rechercher avec ferveur et persévérance la perfection conforme aux fins de notre Institut. Ce digne Missionnaire possédait à un degré supérieur les sentiments et les vertus de notre Bienheureux Père Saint-Vincent. Dès son adolescence, ayant lu sa vie avec le plus vif intérêt et la plus grande édification, il s'était attaché généreusement à ce parfait modèle de la sainteté évangélique. Cette résolution, prise au séminaire de Saint-Flour, que ne dirigeaient point encore les Enfants de Saint-Vincent, était l'effet et l'expression de la préférence donnée dans son cœur à l'Esprit qu'il jugeait être le plus simple et le plus apostolique. Une fois entré à Saint-Lazare, il y comprit mieux encore que chaque institut, étant suscité de Dieu dans l'Eglise catholique pour une fin spéciale, doit s'attacher par-dessus tout à se pénétrer de l'esprit qui lui est propre, qui constitue sa vie, son âme, et fait toute sa force, principe à la fois de conservation et de prospérité, moyen excellent et indispensable de répondre dignement à sa vocation. Notre jeune Confrère commença par bien étudier l'esprit du Séminaire-interne. Il aimait à relire et à méditer la vie de notre Saint-Fondateur; c'était le sujet habituel de ses réflexions, de ses affections et de ses entretiens. Il *comparait* continuellement sa manière de penser, de juger et d'agir à celle de Saint-Vincent, et il a avoué que ce pieux exercice lui avait été très-profitable. Il avait fait une étude approfondie et complète des Règles communes de la Congrégation, de ses Constitutions fondamentales, de ses vraies traditions et de ses usages, des Règles particulières des Offices, des décrets des Assemblées-générales, des ordonnances et recommandations des Supérieurs-généraux (1). Il s'était tellement nourri de ces divers docu-

(1) Voir notes et pièces justificatives.

ments, qu'il en citait par cœur de longs et beaux passages. Mais s'il en avait acquis à fond l'exacte connaissance, c'était pour en exprimer le suc divin, ou l'Esprit-primitif qu'ils renferment, se l'assimiler, se l'identifier, et le traduire ensuite dans ses paroles et dans ses actes. Nous savons par le Recueil de ses pieuses pensées, qu'il avait coutume de demander avec instances à Notre-Seigneur Jésus-Christ, par l'intercession de Marie-Immaculée, la grâce de bien comprendre la Règle, de l'entendre pratiquement dans son véritable sens (1) et de se fortifier sans cesse dans l'esprit de notre saint état. Il faisait chaque jour la méditation sur l'une des vertus qui le composent, ramenant toujours le sujet ordinaire à ce point de vue. Ses examens particuliers portaient aussi sur une pratique relative à ce même Esprit. Pour en bien saisir la nature, l'étendue et la perfection, il lisait attentivement les Conférences et les Lettres de Saint-Vincent ; il se rappelait avec amour en toutes circonstances ses maximes, ses décisions, sa conduite, et s'exerçait à marcher fidèlement sur ses traces. Afin de ne pas se faire illusion sur un article

---

(1) Easque recte intelligere curabunt. (*Reg. comm.* c. 12, § 14).

aussi important, il avait soin de consulter là-dessus avec beaucoup de *simplicité* et d'*humilité* le Supérieur ou le Directeur, et même les Confrères les plus expérimentés et les plus édifiants. Il s'est toujours estimé heureux d'avoir été élevé à l'école des vénérables vieillards, précieuses reliques, pour ainsi dire, de l'ancien Saint-Lazare, que Dieu destinait à renouer la chaîne de la tradition et à nous transmettre les observances et les vertus de la Compagnie. C'était surtout aux principales fêtes de l'année et de la Congrégation, aux anniversaires de son admission et de ses vœux, aux retraites annuelles et mensuelles, qu'il se renouvelait dans l'amour et la grâce de sa Vocation. L'*amour* et la *grâce* de sa Vocation, voilà surtout quel était l'objet de ses prières, le but de ses efforts, la fin de tous ses exercices et de toutes ses pratiques.

C'est pourquoi les actes de sa vie privée ou de son ministère extérieur, ses jugements et ses entretiens, comme toute sa conduite, portaient l'empreinte de l'Esprit de la Compagnie. Il a toujours déployé le plus grand zèle pour le conserver dans sa pureté primitive et le propager dans les deux Familles de Saint-Vincent, à l'exclusion de *l'esprit particulier*, qu'il regardait avec raison comme la peste et la ruine des Communautés. En un mot, ceux qui ont pu connaître et apprécier l'ensemble de sa vie apostolique, attestent (et c'est le témoignage que lui a rendu notre très-honoré Père après sa mort) (1), que les cinq vertus de Simplicité, d'Humilité, de Douceur, de Mortification et de Zèle étaient vraiment devenues comme les facultés de son âme et l'âme de ses actions, selon la belle et importante recommandation que nous adresse notre Saint-Fondateur dans les Règles communes (2).

M. Aladel s'efforça d'abord avec un soin et une sollicitude particulière d'acquérir l'esprit de Simplicité et d'Humilité, étant profondément convaincu que les Enfants de Saint-Vincent doivent apporter une diligence très-spéciale à la pra-

---

(1) Voir pièces justificatives. Allocution de N. T.-H. Père.

(2) Quamvis omnia Evangelii documenta, tanquam sanctissima ac utilissima, quantum in nobis est observare debeamus; quia tamen quædam ex illis nobis magis conveniunt, illa scilicet quæ peculiari ratione Simplicitatem, Humilitatem, Mansuetudinem, Mortificationem et Zelum animarum commendant, Congregatio his colendis atque exercendis accuratius incumbet, ita ut hæ quinque virtutes sint veluti facultates animæ totius Congregationis, omnesque nostræ singulorum actiones illis semper animentur. (*Reg.* cap. II, § 14.)

tique de ces deux vertus, considérées par nous non-seulement comme fondamentales, mais encore comme inséparables. Il y a en effet entre elles une liaison intime et nécessaire. L'Humilité suppose et renferme la Simplicité, et la Simplicité n'est que l'exercice de l'Humilité ; ces deux vertus se soutiennent et se fortifient donc réciproquement. C'est pourquoi notre vénéré Confrère les a toujours unies ensemble dans sa conduite à un degré très-remarquable ; tellement que l'esprit de Simplicité et d'Humilité est le trait distinctif de son caractère.

Quant à la Simplicité, il aimait et demandait à Notre-Seigneur celle qui n'est pas purement naturelle et propre à quelques personnes dénuées de discernement (1) ; encore moins se proposait-il celle qui est affectée ou exagérée, espèce de contrefaçon de la noble Simplicité admirée en Saint-Vincent, laquelle va droit à Dieu et se maintient toujours dans le vrai, exempte de tout alliage d'éléments humains, de toute vue terrestre, de toute duplicité ou dissimulation, défauts qui aboutissent à la fraude, à la ruse et au mensonge. Cette Simplicité comprend

---

(1) *Conférence de S. Vincent sur la simplicité*, IIe part.; et *sur les Maximes évangéliques*, IIe partie.

la pureté d'intention, la sincérité des paroles, la rectitude des actes et la noblesse de la conduite. Le pieux Missionnaire avait conçu la plus haute idée de cette divine vertu, qu'il recommandait en ces termes : « Dieu étant essentiellement simple, un être un très-pur, la Simplicité même, veut avoir des fils qui lui ressemblent et imitent sa perfection, autant que le permet l'infirmité humaine. Nous sommes les enfants de Dieu : rapprochons-nous de notre Père céleste, devenons agréables à ses yeux et honorons sa sainteté en devenant aussi simples que possible : *Ut sitis simplices filii Dei* (2). La Simplicité ne nous confère pas seulement la ressemblance avec Dieu, elle nous unit parfaitement à lui ; elle établit entre lui et nous des rapports très-intimes, une familiarité ineffable. Le Seigneur aime à se communiquer à l'âme simple, à la favoriser de ses plus vives lumières et de ses plus précieuses bénédictions. La Très-Sainte Vierge était éminemment simple ; voilà pourquoi le Verbe éternel s'est abondamment communiqué à elle. S. Bernard définit d'une manière admirable la Simplicité : « Une volonté

---

(1) *Ibidem.*
(2) *Philipp.* ii, 15.

parfaitement tournée vers Dieu, ne demandant qu'une chose et la recherchant sans cesse, à savoir, Dieu seul (1). » L'âme simple, semblable à une blanche colombe, prend son essor vers le ciel, pour aller se reposer dans le cœur du plus tendre des Pères, et, uniquement attachée au bon plaisir de sa majesté, y goûter sa bonté infinie, lui exposer toutes ses peines et attendre de lui seul la consolation et le secours dont elle a besoin; dans le cœur de son Bien-Aimé, l'âme simple n'a plus de soucis ni d'inquiétudes; elle a trouvé le souverain et unique bien; elle a la plénitude de la paix et de la confiance; elle possède le bonheur le plus parfait et possible déjà sur la terre; elle est toute à Dieu et Dieu est tout à elle. Oui, la Simplicité est la vertu qui nous rapproche le plus du Seigneur, la vertu la plus propre à nous introduire dans son éternité et dans ses bonnes grâces (2).

Notre Confrère comprenait aussi l'importance, ou mieux, la nécessité de cette vertu capitale. Il savait qu'elle est le premier élément de l'Esprit de notre Institut, et que sans

---

(1) Proprie Simplicitas est perfecte ad Deum conversa voluntas, unam petens a Domino, hanc requirens. (*De Vita solitaria.*)

(2) *Recueil d'instructions, Conférences.*

elle le Missionnaire restera toujours défectueux et incomplet. Il pensait avec Saint-Vincent, « que le Seigneur se plaît souverainement dans la Simplicité et abhorre tout ce qui n'est pas simple; que c'est le venin et le poison de la Mission de n'être point *simple* et sincère aux yeux de Dieu et des hommes (1); que l'esprit de Jésus-Christ est un esprit de droiture et de sincérité, et que celui qui est appelé à glorifier ce Dieu Sauveur doit agir d'après son esprit; enfin que le meilleur moyen de gagner à Dieu les personnes accoutumées à user de finesse et de ruse, c'est de traiter avec elles dans la plus grande Simplicité et la plus grande franchise (2).

Il saisissait toutes les occasions propres à faire ressortir l'excellence, la beauté et l'importance de cette aimable vertu, comme devant purifier et animer tout le détail des actes de la vie. « Prenez garde, disait-il, prenez bien garde : ceux qui ne marchent pas dans la voie droite s'embarrassent et se prennent dans leurs propres filets; Dieu le permet toujours ainsi, comme l'expérience le démontre. » Il

---

(1) *Conférence de S. Vincent sur les Maximes évangéliques*, IIe partie.
(2) *Maximes de S. Vincent.*

encourageait les âmes encore au debut de la perfection, en leur rappelant que cette vertu est difficile à acquérir, puisque de notre nature déchue renaît à tout moment cet amour-propre qui se recherche sans cesse et qui est si opposé à la droiture chrétienne ; mais que Notre-Seigneur, qui fait ses délices de la Simplicité, désire en remplir l'esprit et le cœur de *ceux* qui la demandent avec confiance et humilité et qui s'habituent à en pratiquer les actes. Du reste il commençait par bien *faire* ce qu'il *enseignait* si bien aux autres. Il a été vraiment l'homme *simple, droit* et craignant Dieu (1). C'est même sa parfaite Simplicité qui explique ses progrès spirituels, sa persévérance et ses succès. Car, ainsi que le déclare la sainte Écriture, la *force* de l'*homme simple* consiste à *marcher* dans *les voies du Seigneur* (2). La Simplicité n'est en effet que la candeur de l'âme qui va droit à la vérité, à la vertu, au devoir, en un mot, à Dieu seul ; or comme Dieu, le devoir, la vertu et la vérité sont immuables, M. Aladel aussi n'a jamais changé et a toujours persévéré dans sa Vocation et dans la pratique

(1) Erat vir ille simplex et rectus ac timens Deum. (*Job.* I, 1.)
(2) *Prov.* x, 29.

du bien. Comme, d'un autre côté, Dieu aime à se manifester aux Simples (1) et à répandre ses bénédictions sur ceux qui le cherchent uniquement, il est facile de comprendre que ce bon Missionnaire ait reçu du Saint-Esprit des lumières abondantes, une connaissance profonde des voies intérieures, une sainte habileté de direction et une haute sagesse de conseil, que relevaient encore l'onction de ses paroles et le succès surnaturel de toutes ses œuvres : *Fortitudo simplicis via Domini* (2).

Il sut très-bien allier la Simplicité à la prudence. D'abord il possédait ce regard simple et intérieur de l'âme ou de l'intention et de la volonté. *Dieu* et *Dieu seul;* de là descendait le rayon qui rendait lumineux tout le corps de ses actions. Désirant ne plaire qu'à Dieu, il ne cherchait en tout que l'accomplissement de sa divine volonté, sans retour d'amour-propre ou de vaine recherche de soi-même. Il avait la crainte du Seigneur, cette crainte filiale, exempte de trouble et d'anxiété. Sa confiance ferme et affectueuse excluait le découragement comme la présomption. Il pratiquait un com-

---

(1) Cum simplicibus sermocinatio ejus. (*Prov.* ɪɪ, 32.)
(2) *Prov.* x, 29.

plet abandon à la conduite de la Providence, rejetant tous ses soins et toutes ses sollicitudes sur le cœur infiniment miséricordieux du Père céleste, acceptant tout, comme de sa main, avec une inaltérable égalité, attendant toutes choses de sa grâce et rapportant tout aussi à sa gloire. Il voulait aimer Dieu purement pour lui-même et tout le reste en vue de son amour, sans préférence ou préoccupation d'aucune sorte. C'est dans les mêmes sentiments de Simplicité, qu'il éloignait de son esprit et de son cœur les soupçons, les jugements téméraires, les interprétations malignes, la rancune, les préventions soit favorables ou défavorables, s'attachant simplement à la réalité des choses qu'il devait prendre en considération et supportant ses propres défauts, ainsi que ceux du prochain, sans faiblesse comme sans inquiétude. Quoique d'une exactitude ardente et généreuse dans l'imitation et au service de Notre-Seigneur Jésus-Christ, il s'appliquait cependant à éviter l'empressement naturel et la contention d'esprit. Il évitait l'encombrement ou la trop grande multiplicité des pratiques, les fantaisies d'une dévotion imaginaire et subtile, comme aussi un zèle intempestif et immodéré, qui trop souvent met le moi ou l'amour-propre à la place ou à côté de l'Humilité et de la grâce. Le respect-humain, la vanité hypocrite, l'esprit d'inquisition à l'égard des autres, les tergiversations de la pusillanimité, les angoisses du scrupule sont des défauts dont il préserva sa piété, et des obstacles qui ne retardèrent point son progrès spirituel. Son âme, fortement trempée, ne s'arrêtait à aucune considération humaine. La louange le trouvait aussi insensible que le blâme : il n'attendait rien de la faveur des hommes, pas plus qu'il ne redoutait leur opposition. Son œil *simple* ne considérait que le bon plaisir de Notre-Seigneur.

Tel était le principe et la source de sa Simplicité extérieure.

Ami de la vérité, il détestait le mensonge et l'équivoque. Ne pouvant souffrir l'ombre de l'astuce et de la dissimulation, il craignait de tromper le prochain, même pour l'amener aux fins les plus louables et les plus légitimes. Il disait les choses, telles qu'il les pensait, sans circonlocution ou exagération et sans allusion blessante pour personne. Ses entretiens édifiaient par la candeur de son âme, comme par la sincérité et la dignité de ses paroles. Un heureux mélange de droiture, de franchise et de discrétion embellissait ses rapports avec les Confrères, les Sœurs de la Charité et les étrangers. Il ne craignait pas de dire la vérité devant les Supérieurs, avec tout le respect et la déférence qu'il portait à l'autorité divine dont ils sont investis. Quand sa charité jugeait à propos de donner un avis, c'était sans préambules ni détour. La flatterie était à ses yeux une bassesse tout à fait indigne d'un Enfant de Saint-Vincent; il n'aimait les compliments ni pour lui-même ni pour les autres, et il n'était guère encouragé, celui qui en formulait en sa présence. D'un autre côté, son esprit sage et judicieux n'a jamais pu approuver que, sous prétexte de Simplicité, l'on manquât d'égards et de convenance, ou que l'on prît des manières, un style ou un extérieur négligés, ou qu'on se permît des expressions basses et triviales, surtout du haut de la chaire chrétienne. La *Petite-Méthode* de Saint-Vincent dans la prédication, était sacrée à ses yeux, parce que, bien comprise et bien observée, elle préserve à la fois de la vanité et de la négligence dans le ministère de la parole de Dieu (1). Tou-

---

(1) Il estimait et recommandait beaucoup l'excellent traité de l'*Eloquence chrétienne*, par le P. Gisbert, comme très-propre à former les Missionnaires au genre apostolique de la prédication.

jours utilement occupé, il se livrait au travail avec une constance et une énergie infatigables, mais modérément, sans se surcharger, ni s'embarrasser de plusieurs choses à la fois; tout entier à l'action présente, il se possédait comme s'il n'avait eu que celle-là à faire.

Il prenait garde de s'ingérer dans les offices d'autrui, ou de se mêler de ce qui ne le regardait point. Sans curiosité pour les nouvelles et les rumeurs qui circulent, il ne s'occupait de la conduite ou des affaires des autres, qu'autant qu'il y était obligé par devoir. Ennemi de la pompe, de l'éclat et du bruit, il n'avait rien de prétentieux ni d'affecté, se retranchant toutes superfluités, et se cachant avec les âmes qui lui étaient confiées, dans la vie intérieure et les plaies de Notre-Seigneur Jésus-Christ (1).

En un mot, dans sa conduite privée, comme dans les affaires et les œuvres de la Congrégation, il allait à Dieu avec une droiture et une sincérité remarquables, fuyant tout ce qui ressentait l'artifice, le faux esprit de conciliation ou même la prudence humaine. M. Étienne, notre très-honoré Père, dans sa touchante allocution, prononcée en la chapelle des Filles de

---

(1) *Recueil de piété.*

la Charité, après la mort de *son vieil ami*, a pu lui rendre ce beau témoignage : « Ce vrai Fils de Saint-Vincent ne connaissait que la droiture; tout en lui tendait à Dieu, et, je puis le dire, moi qui l'ai vu de près si longtemps, je n'ai jamais pu découvrir en lui le moindre détour, la plus petite dissimulation, l'ombre d'une recherche, quelle qu'elle fût. Il visait en haut et allait droit au but qu'il a atteint (1). »

La mémoire de tout le bien dont cet homme de Dieu a été le fidèle instrument et de tous les exemples de vertu qu'il nous a légués nous suggère ici, comme conclusion, la parole divine du Sauveur : « *Confiteor tibi, Pater, Domine cœli et terræ, quia abscondisti hæc a sapientibus et prudentibus, et revelasti ea parvulis.* » Mon *Père, Seigneur du ciel et de la terre,* je vous rends gloire de ce que vous avez *caché* ces choses *aux sages* et aux prudents, et que vous les avez révélées aux *petits* (2); c'est-à-dire à ceux qui sont petits à leurs propres yeux, ou aux *Simples* et aux humbles.

La sainte Humilité, ou l'amour de sa propre abjection pour la gloire de Dieu et de la vie

---

(1) Voir notes et pièces justificatives.
(2) *Matth.* xi, 25.

cachée en Jésus-Christ, est, nous dit Saint-Vincent, la vertu de Notre-Seigneur, de sa Sainte-Mère et des plus grands Saints (1). Au milieu de la glorieuse famille des Saints, M. Aladel aimait à distinguer et à admirer S. Vincent comme un *prodige d'Humilité*. C'est en sondant l'abîme profond de son Humilité, qu'il s'expliquait l'éminence de sa sainteté, le succès merveilleux, la solidité et la perpétuité de ses œuvres. A l'exemple de notre bienheureux Père, il a d'abord étudié cette vertu fondamentale dans les enseignements et les actions du souverain Maître, nous disant : « Apprenez de moi que je suis doux et humble de cœur (2). » Il avait lu, dans S. Bernard, que cette leçon est l'abrégé ou le sommaire de la doctrine et de la perfection de Jésus-Christ (3). Aussi, pour concevoir à fond et mieux goûter les paroles et les actes du Fils de Dieu, a-t-il médité, scruté et fidèlement suivi les exemples et l'enseignement de Saint-Vincent, assuré qu'il était d'y trouver la plénitude de l'esprit de Notre-Seigneur.

---

(1) *Maximes de S. Vincent.*
(2) Discite a me quia mitis sum et humilis corde. (*Matth.* xi, 29.)
(3) Summa doctrinæ et virtutum Christi. (*Epist. ad Henr. Senon.* c. v.)

Formé à une telle école, il a parfaitement compris que l'Humilité est le don le plus précieux de la miséricorde infinie, « l'arme la plus puissante pour vaincre le démon; le principe de tout bien; le fondement inébranlable et la gardienne de toutes les vertus (1), la source féconde de la grâce, du mérite et des plus heureux fruits de sanctification et de salut (2). » Il fut bientôt convaincu de la nécessité de cette vertu pour tout Chrétien en général, et en particulier pour les membres de la petite-Compagnie. Il comprit l'importance majeure que chacun de nous doit attacher à cette vertu essentielle et principale, marque distinctive du Missionnaire, d'après cette forte recommandation de notre Saint-Fondateur : « Nous devons donner à Dieu toute la gloire et ne garder pour nous que le mépris et l'abjection; c'est là tout ce qui nous est dû..... Il faut tendre là, Messieurs et mes Frères; il faut que chacun s'y porte et que tous y portent la Compagnie..... Que l'Humilité soit la vertu de la Mission, que ce soit là notre vertu.... Pourquoi ne la mettrions-nous pas

---

(1) *Conférence de S. Vincent sur l'Humilité.*
(2) Humilibus autem dat gratiam. (*I Petr.* v, 5.)

toute la première dans notre cœur et dans nos examens (1)? »

Afin que son progrès fût plus rapide et plus parfait dans l'acquisition de cette vertu, notre pieux Confrère prit la Très-Sainte-Vierge pour son modèle et sa protectrice spéciale. Quiconque étudie l'ensemble et le détail de la vie de M. Aladel, peut affirmer qu'après l'amour de Jésus, deux inclinations dominaient dans son cœur, à savoir, l'amour de Marie-Immaculée et l'amour de l'Humilité de Saint-Vincent. Il sut se servir de l'intercession et des exemples de Marie-Immaculée pour tendre à la perfection de l'Humilité, et de la sainte Humilité de notre bienheureux Père, pour s'élever à la plus haute piété envers l'auguste Mère de Dieu. Il aimait à contempler cette Vierge très-pure, non seulement comme l'insigne trésorière de toutes les grâces, mais encore comme le parfait exemplaire de toutes les vertus, surtout de l'Humilité qu'il se proposait spécialement. C'est dans ce sens qu'il a tracé les lignes suivantes : « *Sicut cinnamomum et balsamum odorem dedi*, J'ai répandu l'*odeur* du cinnamome et exhalé les *parfums* du baume (2). Quel est ce parfum qui monte jus-

(1) *Conférence de S. Vincent sur l'Humilité.*
(2) *Eccli.* xxiv, 20.

qu'au ciel et qui va réjouir la suradorable Trinité? C'est l'Humilité de Marie... Oh! quelle odeur délicieuse s'élève de ce bel arbre chargé du fruit de vie !.. Elle s'élève... car la plus humble des Vierges ne se sert des dons de Dieu que pour lui en renvoyer la gloire ; son néant est toujours devant ses yeux. L'anéantissement de Marie, en cachant toutes ses grandeurs et toutes ses perfections, se cache si bien lui-même qu'on ne saurait le découvrir; il n'y a que le regard de Dieu qui puisse mesurer la profondeur de cet abîme d'Humilité. Le mérite de notre glorieuse Mère c'est de s'être complue dans sa bassesse, bien plus que les ambitieux se complaisent au milieu des honneurs ; c'est d'avoir mis sa gloire à ne paraître que *l'humble servante du Seigneur*, tandis qu'elle était la fille bien-aimée du Père, la Mère privilégiée du Fils, l'épouse chérie de l'Esprit d'amour. Oh! le grand modèle pour confondre notre orgueil !.. Marie s'abaisse... et nous, misérables pécheurs, nous nous approprions injustement les dons du ciel ! Notre âme, obscurcie par les ténèbres du péché, ne voit point sa corruption ; d'épais nuages lui cachent aussi son Dieu, et de cette double ignorance naissent tous les désordres de l'amour-propre. Nos regards se replient sans cesse sur nous-mêmes, nous sommes à nous-mêmes notre idole. Non contents de nous tromper, nous nous étudions à tromper les autres en nous attirant à tout prix l'estime qui ne nous est point due, et, au lieu de ces parfums qui devraient s'élever jusqu'au ciel pour rendre gloire au Père, au Fils et au Saint-Esprit, nous laissons évaporer sur la terre l'odeur du peu de bien que nous faisons... odeur détestable, toute infectée de la recherche de nos intérêts... O mon Dieu ! que *je vous connaisse* et que *je me connaisse !* Montrez-moi ce que je suis ; mettez à sa place ce misérable pécheur, et faites-vous rendre l'honneur qui vous est dû. O mon âme, connaissez-vous vous-même, et, vous appropriant vos misères avec cette *conviction* qui fait les *Saints*, anéantissez-vous dans l'abîme de votre rien, et de votre rien devenu criminel. O Marie-Immaculée, modèle accompli de l'Humilité parfaite, obtenez-nous ces sentiments de mépris et de justice envers nous-mêmes. Faites par le mérite de vos anéantissements, que, ne nous attribuant et ne cherchant jamais que ce qu'il y a de moindre, nos abaissements extérieurs et intérieurs deviennent autant de degrés qui nous éloignent de nous-mêmes, afin de nous rapprocher de Dieu et de vous, divine

Mère, pour le temps et pour l'éternité (1)! »

M. Aladel ne s'arrêtait pas à la spéculation. Son esprit positif et pratique, aidé du secours de la grâce, le portait à exécuter les bons desseins que Notre-Seigneur et la Sainte-Vierge lui inspiraient.

Après avoir bien approfondi l'Humilité de Saint-Vincent, il s'appliquait de tout son zèle et par tous ses efforts aux divers actes de cette vertu, dont la Providence lui fournissait chaque jour l'heureuse occasion. Il voyait dans ces occasions autant de grâces précieuses, dont il avait soin de profiter avec exactitude et reconnaissance. Nous pouvons ici admirer la sagesse de sa méthode pour acquérir l'Esprit d'Humilité; en effet il entrait dans les détails de la *pratique*, il précisait bien ses résolutions et les adaptait aux besoins actuels de son intérieur, commençant par ce qu'il y a de moins parfait, et s'élevant de degré en degré jusqu'à l'Humilité la plus complète et la plus solide. Qu'il se soit même imposé de faire continuellement et avec ordre de nouveaux progrès dans cette vertu des âmes fortes et généreuses, qu'il

---

(1) Neuvaine de méditations en l'honneur de Marie conçue sans péché, 6ᵉ jour.

ait marché sans relâche à sa conquête, c'est ce qu'il est permis d'inférer de la série de résolutions suivantes, prises à diverses époques de sa vie :

« 1° Je m'exercerai à la pratique de l'Humilité, en renonçant promptement aux pensées d'orgueil ou de vanité, et même en leur opposant un profond sentiment de mépris de moi-même;

2° En rapportant à la gloire de Dieu seul tous mes actes et toutes mes souffrances, et en me tenant dans la défiance et l'oubli de moi-même avant, pendant et après mes actions.

3° Je m'attacherai à l'humble soumission de la volonté propre par une parfaite obéissance et fidélité à la Règle.

4° J'apporterai beaucoup d'Humilité dans mes études et mes entretiens, évitant avec soin la satisfaction de l'amour-propre et l'opiniâtreté dans mes idées particulières.

5° Je m'attacherai d'une manière spéciale à l'Humilité de jugement, en acquiesçant, du fond du cœur, au sentiment de mes Supérieurs, et même, autant que possible, à celui des autres.

6° Je profiterai avec zèle de toutes les occasions de pratiquer l'Humilité.

7° Je m'adonnerai à sa pratique en souffrant d'abord avec résignation, puis avec amour, et enfin avec désir, toute sorte d'humiliations pour la gloire de Dieu.

8° En un mot, je mettrai tout mon bonheur et tous mes soins à vivre oublié des créatures, à ne voir que mes défauts et mes innombrables misères, recherchant ce qu'il y aura de plus propre à contrarier, à déraciner mon orgueil : tout cela pour l'amour et en l'honneur de Jésus et de Marie (1). »

Il semble que notre vertueux Confrère n'eût qu'une ambition : celle d'être *ignoré* et compté *pour rien* (2), comme il est facile de le reconnaitre aux degrés supérieurs de l'Humilité qu'il avait eu le courage d'escalader.

Plein de mépris pour lui-même, il se cachait à ses propres yeux, ne considérant que sa faiblesse, ses fautes et ses imperfections, ne s'attribuant aucun mérite ni aucun honneur, et rendant fidèlement à Dieu ce qui lui est dû, c'est-à-dire la gloire de tout bien. Loin de s'arrêter à des sentiments de vaine complaisance ou de présomption, il aimait à s'abaisser et à se confondre devant le Seigneur, à se regarder comme le plus indigne de tous, à se

(1) *Recueil de piété.*
(2) Ama nesciri et pro nihilo reputari. (*Imit.* Lib. I, cap. II, 3.)

défier constamment de ses propres lumières et de ses propres forces et à ne compter que sur la grâce divine. Ne se croyant capable que de gâter les bonnes œuvres qui lui étaient confiées, il en redoutait par-dessus tout la responsabilité ; et il n'a jamais pu comprendre qu'on eût jeté les yeux sur sa personne pour les charges importantes de la Congrégation. Cependant il s'en est toujours acquitté dignement, parce qu'il ne s'appuyait que sur le secours de Jésus et de Marie.

Attentif à ne jamais chercher l'estime ou l'approbation des hommes, il ne disait rien qui pût tourner directement ou indirectement à sa louange ; il n'aimait pas à se justifier ; il retranchait de ses actions et de ses discours tout ce qui n'aurait servi qu'à y ajouter du relief. Il souffrait avec une humble grandeur d'âme les contradictions, les épreuves, les ingratitudes et les injures, aussi bien celles qui le touchaient personnellement, que celles qui attaquaient la petite-Compagnie. Bien plus, il recherchait sincèrement l'oubli des créatures, et dans l'obscurité qu'il s'adjugeait, il *s'ensevelissait* avec amour, comme dans le suaire et le tombeau où il partageait la *vie cachée* de Jésus-Christ.

Retiré dans cet asile mystérieux et inaccessible, il voilait aux yeux des hommes tout ce qui aurait pu attirer sur lui quelque considération ou quelque honneur. Il avait coutume de dire : « Le bruit ne fait pas de bien, et le *bien* ne fait pas de bruit; » et il s'est toujours montré fidèle à cette sage maxime. Si, à la suite et à l'imitation du Maître, il *passa* en *faisant le bien*, ce fut comme *incognito* et dans l'ombre, en s'effaçant le plus possible devant Dieu et devant ses frères. Ce qu'il ne pouvait tenir caché, il l'attribuait aux mérites et aux prières des autres, afin d'en rapporter toute la gloire au Très-Haut. Il s'estimait heureux et ne cessait de bénir le Seigneur des fruits de salut opérés par les autres ouvriers de l'Évangile, répétant avec Saint-Vincent : *Qui me donnera que tout le peuple prophétise* (1)? Le zèle et les succès apostoliques des autres corps et congrégations de l'Église le remplissaient d'admiration et de joie, tout en réveillant les saintes ardeurs de son âme.

L'Humilité a donc été sa vertu principale, d'où il a tiré tous les biens spirituels et temporels. C'est parce qu'il n'était rien à ses propres

---

(1) *Num.* xi, 29.

yeux qu'il est devenu très-agréable aux yeux du Seigneur et des hommes; c'est parce qu'il ne s'estimait propre à rien, que Dieu l'a *rendu propre à tout;* et si les degrés d'ascension d'une âme dans l'Humilité supposent en elle autant de degrés correspondants de mérites, on peut aussi conjecturer qu'à ces mêmes degrés de mérites terrestres correspondent autant de degrés dans la gloire céleste; car Notre-Seigneur se plaît à bénir et à *exalter* les *humbles* (1).

---

(1) Omnis qui se exaltat, humiliabitur, et qui se humiliat, exaltabitur. *Luc.* xiv, 11.

CHAPITRE VI.

SON ESPRIT DE MORTIFICATION ET DE DÉTACHEMENT.

Notre-Seigneur Jésus-Christ a enseigné aux hommes le chemin du Ciel et de la perfection par ces mémorables paroles : *Si quelqu'un veut venir à ma suite, qu'il renonce à soi-même, porte sa croix chaque jour et me suive* (1).

Notre Saint-Fondateur a fait un admirable commentaire de cet oracle divin, quand il a dit : « Le premier pas que doit faire celui qui veut suivre Jésus-Christ, c'est de renoncer à soi-même, c'est-à-dire à ses passions, à sa volonté, à son jugement propre et à tous les mouvements de la nature ; on n'a qu'une vertu imaginaire, lorsque dans les occasions on ne fait pas les sacrifices qu'exige la vertu véritable ; et nous pouvons juger de notre avancement

---

(1) Si quis vult post me venire, abneget semetipsum, et tollat crucem suam quotidiè, et sequatur me. (*Luc.* IX, 23.)

dans la vie spirituelle par les progrès dans la vertu de Mortification (1), qui fait que nous portons la croix après Notre-Seigneur et que nous la portons chaque jour (2). »

M. Aladel, fidèle disciple de Jésus-Christ et de Saint-Vincent, n'a rien négligé pour obtenir avec abondance l'esprit d'abnégation, et pour accomplir généreusement de fréquents actes de cette vertu fondamentale.

Il s'est attaché par-dessus tout à la Mortification de la volonté et du jugement propre, comme au principe et à l'essence du vrai renoncement. Son mérite a été d'autant plus grand, sous ce rapport, qu'il a eu plus de difficultés à vaincre. En effet, son caractère ferme et inflexible le contraignait à une vigilance continuelle sur lui-même pour réduire la nature, l'assouplir et la réformer par la force de la grâce, en la soumettant tout entière au bon plaisir de Notre-Seigneur. Après cette victoire, il conforma pleinement ses desseins et sa conduite à la volonté divine, manifestée soit par l'autorité de l'Église ou des Supérieurs, soit par les Règles de la Congrégation, ou les circonstances et les événements

(1) *Maximes de S. Vincent.*
(2) *Conférence de S. Vincent sur la Mortification.*

de la vie. Dans les choses indifférentes, il choisissait, autant que possible, celles qui lui répugnaient davantage, regardant cette sainte pratique, recommandée par nos Constitutions (1), comme bien propre à nous conduire à une perfection très-élevée. Il acceptait de la main paternelle de Dieu, avec égalité d'âme, les contradictions et les contre-temps, les infirmités, les revers, les peines de tout genre, aussi bien que les sujets de joie et de consolation. Les croix imprévues et importunes, les afflictions inévitables et successives, en un mot toutes les épreuves indépendantes de notre volonté étaient à ses yeux les plus précieuses et les plus estimables de toutes, parce que *là où il y a moins de notre choix, il y a plus du bon plaisir de Dieu* (2). Aussi avait-il soin, dès le matin, et au commencement des principales actions de la journée, de renoncer à toute satisfaction de la volonté propre, à toute recherche de la nature, offrant à Notre-Seigneur toute peine qu'il plairait à sa majesté infinie de lui envoyer. C'est ainsi que *la volonté divine était sa nourriture habituelle* (3). L'ex-

(1) *Reg. comm.* c. ii, § 3.
(2) *Maxime de S. François de Sales.*
(3) Meus cibus est ut faciam voluntatem ejus qui misit me. *Joann.* iv, 34.

périence lui ayant appris que les préjugés favorables ou défavorables sont ordinairement l'effet d'une trop grande attache à son propre sens, il se défiait beaucoup de ses impressions.

Avant de porter un jugement, il examinait sérieusement toutes choses à la lumière de la foi, consultant volontiers et tenant compte des avis divers. Avait-il adopté une opinion ou un sentiment; il était prêt à y renoncer, dès qu'il les trouvait tant soit peu opposés à l'esprit de la Congrégation, ou si quelque raison nouvelle lui conseillait prudemment d'en changer. On ne l'a jamais vu soutenir avec obstination ses idées envers et contre tous, encore moins les imposer à personne, ni chercher à les faire prévaloir. Était-il consulté, il disait simplement sa pensée avec beaucoup de modestie et de déférence, surtout pour les Supérieurs; son esprit d'abnégation lui suggérait les formules suivantes : *Si je ne me trompe; il me semble; selon ma petite manière de voir.* Lorsqu'il consultait les autres, il leur laissait une entière liberté, ne faisant ni n'insinuant rien qui pût influer plus ou moins sur leur avis. Sachant combien l'imagination, l'amour-propre et la disposition du moment modifient nos pensées et nos jugements, il se tenait soigneusement en garde contre leurs surprises; et sa défiance était d'autant plus grande, qu'il y appréhendait quelque illusion secrète de la nature ou du démon.

Ce vrai Missionnaire, bien loin de chercher ses aises et ses commodités, *portait en toute sa personne la mortification de Jésus-Christ* (1). Mort à ses propres satisfactions, il ne désirait que les privations de la pauvreté et les délices de la Croix. Mort à ses sens, il ne leur accordait que ce que demandaient la nécessité et l'obéissance. La rigueur du froid le pénétrait vivement; les fortes chaleurs l'accablaient et l'épuisaient; cependant il prenait très-peu de précautions pour s'en garantir, s'estimant heureux de les supporter pour l'amour de Notre-Seigneur. Dieu sait comment il avait *réduit son corps en servitude* (2), combien il le traitait durement et lui refusait sans relâche toute douceur, tout soulagement et tout repos. Il en était venu au point de ne plus s'occuper de ses infirmités, de ne jamais consulter le

---

(1) Semper mortificationem Jesu in corpore nostro circumferentes. *II Cor.* iv, 10.
(2) Castigo corpus meum et in servitutem redigo. *I Cor.* ix, 27.

médecin pour lui-même, et de ne pas accepter les plus simples adoucissements dans ses fréquentes indispositions. S'il a excédé en ce point, c'est qu'il était avide de souffrances et ne se croyait jamais assez *crucifié avec Jésus-Christ*.

Mort aux choses de ce monde, il pouvait dire avec l'Apôtre : *Mihi mundus crucifixus est, et ego mundo* (1). Les plaisirs d'ici-bas le trouvaient insensible ; les vanités, les pompes et les curiosités de la terre n'attiraient même pas son attention. Toute visite qui n'était pas nécessaire ou qui n'offrait que peu d'utilité, soit au parloir ou en ville, il se l'interdisait rigoureusement, tant il redoutait l'esprit de dissipation ou le contact empoisonné du monde. Il ne s'occupait des personnes et des affaires du dehors, qu'autant que la gloire de Dieu et l'obéissance l'exigeaient. L'amour de l'étude, de l'ordre, non moins que le goût de la Mortification, le portaient à s'abstenir des voyages et des promenades qui n'avaient point quelque but important ou surnaturel. C'est pour cela que quelquefois son premier abord était assez froid pour les Confrères qui avaient l'humeur

---

(1) *Gal.* vi, 14.

voyageuse et à qui il donnait avec un demi-sourire la qualification de *gyrovagues* ou *coureurs*.

Quant à son pays et à ses parents, son Détachement était surtout admirable. Il aimait naturellement les montagnes de l'Auvergne, son berceau ; mais après l'avoir quittée pour suivre Notre-Seigneur, il n'y retourna que très-rarement, à de longs intervalles, et toujours pour de graves raisons. La fréquentation de la famille était, à ses yeux, plus qu'un danger ; c'était une lâcheté : sentence qu'il ne se contentait pas de formuler hautement, mais qu'il commençait par s'appliquer à lui-même. Il nourrissait sans doute une véritable affection pour ses parents et il les a toujours beaucoup aimés *dans le Seigneur ;* cependant, comme ils pouvaient vivre de leur travail et qu'ils s'estimaient heureux de leur médiocrité, M. Aladel, à l'exemple et selon les recommandations de Saint-Vincent, n'a jamais voulu rien ajouter à l'aisance qui leur suffisait. En 1846, ayant accompagné notre très-honoré Père à Saint-Flour, il ne voulait pas s'en séparer pour aller voir son vieux père, à quelques lieues de distance, lequel réclamait cette dernière consolation avant sa mort. Ce ne fut que sur les instances de M. le Supérieur-

Général, qu'il se décida à passer quelques heures dans sa famille. Depuis lors, il ne revit qu'une fois la maison paternelle, quand il fut envoyé dix ou onze ans plus tard à Aurillac, pour quelques affaires de la Congrégation.

Une Sœur de la Charité, qui a très-longtemps vu de près M. Aladel, a pu dire « qu'en cet homme de Dieu la grâce avait anéanti la nature. » Sans aller si loin, nous pouvons assurer qu'il a travaillé avec zèle et persévérance à *détruire le vieil homme avec ses œuvres et à se revêtir du nouveau* (1), *à mourir sans cesse à lui-même pour ne point goûter ni rechercher les choses de la terre, mais bien uniquement les choses du Ciel* (2). Son recueil de piété laisse assez deviner qu'il s'attacha principalement à la Mortification de son amour-propre, et à des actes fréquents et généreux des vertus dont la pratique lui coûtait le plus d'efforts. Entre autres, nous signalerons surtout la douceur.

En effet, la douceur ne lui était pas naturelle;

---

(1) Expoliantes vos veterem hominem cum actibus suis et induentes novum. *Col.* III, 9, 10.
(2) Igitur si consurrexistis cum Christo, quæ sursum sunt quærite, quæ sursum sunt sapite, non quæ super terram. *Col.* III, 1, 2.

son caractère fortement trempé, son esprit sérieux, et aussi, dans ses dernières années, son état habituel de souffrance, étaient autant d'obstacles à la mansuétude et à l'aménité. Le premier abord était comme une écorce un peu rude; mais bientôt il se surmontait; sa figure s'épanouissait; sa parole devenait plus aimable; il vous mettait à l'aise promptement et montrait les trésors de bonté renfermés dans son cœur. L'on remarquait le même triomphe de la grâce dans les occasions où il se sentait fortement ému. Le premier moment était difficile; mais l'esprit de douceur ne tardait pas à dominer la nature, et cette douceur devenait d'autant plus attrayante et réelle, qu'elle était l'effet d'une vertu surnaturelle.

Dans ses relations avec les Missionnaires et avec les Sœurs, il témoignait la bienveillance la plus sincère et l'attachement le plus constant. Il associait très-bien une gaieté calme à une douce modestie, et l'esprit de conciliation à l'amour de la Règle et du devoir : il pouvait dire avec notre Bienheureux Père : « Autant de condescendance que vous voudrez, pourvu que Dieu ne soit pas offensé (1). » En un mot,

---

(1) *Maximes de Saint-Vincent.*

il savait rendre la vertu et l'autorité aimables. Que d'idées fausses et fatigantes, que de vaines frayeurs n'a-t-il pas dissipées en beaucoup d'âmes! Que de pieux encouragements ne leur a-t-il pas donnés. Quel élan et quelle constance ses suaves exhortations et ses conseils paternels savaient communiquer à tant de cœurs qu'il a dilatés *dans le Seigneur, et fait courir dans le chemin de la perfection* (1)! Avec quelle patience n'a-t-il pas supporté les défauts et les misères de l'infirmité humaine! Comme il était heureux de compatir et d'apporter un soulagement aux esprits affligés ou tourmentés de quelque tentation! Avec quelle habileté il savait partout maintenir l'ordre, la subordination et la paix, à la vive satisfaction de tous! Était-il obligé de donner un avertissement, de prescrire une mesure désagréable, d'exprimer un refus : il y mettait les formes de la plus ingénieuse charité. Un ancien Confrère de la maison, qui a vécu de longues années avec M. Aladel, en a porté ce jugement qui nous paraît très-exact : « Rigide et inexorable quand il s'agissait de la Règle, en son particulier et dans les rapports ordinaires, il était bon et affable; austère pour lui-même,

(1) Viam mandatorum tuorum cucurri, cum dilatasti cor meum. (*Ps.* cxviii, 32.)

il se montrait plein de dévouement et de miséricorde pour les autres. » Doué d'une excellente mémoire, il entremêlait à ses entretiens des traits édifiants, pleins d'à-propos et d'intérêt, ayant soin d'en écarter toute parole amère ou blessante. Toutefois, s'il lui en échappait quelqu'une piquante ou moins mesurée, il faisait aussitôt d'humbles excuses. Il pardonnait aussi de grand cœur et oubliait facilement les torts commis à son égard. Du reste, il ne se plaignait jamais des procédés ou des jugements des autres. Toujours disposé à rendre service et très-éloigné de l'esprit de domination, il agissait plutôt en père qu'en supérieur, s'accommodant aux personnes et aux circonstances : *il se faisait tout à tous, pour les gagner tous à Jésus-Christ.* C'est ainsi que sa douceur était l'un des fruits de sa Mortification.

Pour perfectionner en lui l'esprit de renoncement, ce vénéré Confrère employait les moyens les plus énergiques, recourant tantôt à la prière, tantôt à la sainte indifférence ou à l'obéissance prompte, cordiale et constante dans l'observation des Règles ou par rapport à l'ordre de la maison et de la journée. Là, brillait surtout sa parfaite fidélité. Ainsi, bien que souvent accablé de fatigues, et en proie à des maux de tête et d'estomac qui troublaient son repos si nécessaire, il se levait invariablement à quatre heures du matin : le premier son de la cloche le trouvait toujours debout et déjà s'unissant à Dieu. C'est qu'il était profondément convaincu de l'importance majeure de cet article de notre Règle, le regardant à juste titre comme la *pierre de touche* du vrai Missionnaire. Il disait « qu'un Enfant de Saint-Vincent doit craindre la moindre illusion à cet égard, ne rien négliger pour commencer saintement la journée et attirer sur elle les bénédictions du Ciel par ce premier sacrifice, si agréable et si méritoire. » Tandis qu'il exerçait l'office d'Assistant de la Maison, il veilla soigneusement à la religieuse observance de cette salutaire pratique; secondant en ce point le zèle de notre très-honoré Père, qui a remis en vigueur dans la Compagnie cet article capital de la Règle. Il a paru lui-même l'accomplir exactement et affectueusement jusqu'à son dernier soupir, puisque, le jour même de sa mort, quelques instants avant d'entrer en agonie, il s'était levé selon sa coutume à quatre heures.

Il assistait toujours à l'oraison avec la Communauté, quoiqu'il dût, à son grand regret, sortir de la salle, aussitôt après la lecture du sujet, parce que ses fonctions l'appelaient à la Maison de nos Sœurs, où il célébra leur première messe pendant dix-neuf années, malgré ses fréquentes indispositions, et sans être arrêté jamais par les rigueurs ou les intempéries des saisons. Cette fonction de M. le Directeur est pénible, comme on le sait. Il doit le plus souvent se tenir debout pendant une heure et demie, à cause des nombreuses communions qu'il distribue. M. Aladel ajoutait une longue action de grâces, faite toujours à genoux. Après une légère réfection prise à Saint-Lazare, il retournait chez les Sœurs, se renfermer dans son cabinet, véritable laboratoire spirituel, où, la matinée jusqu'à midi, et le soir, de trois heures jusqu'au souper, il ne cessait d'entendre ou de redire tout ce qui se rapporte au bien et à la conduite des âmes. Il était quelquefois tellement accablé de fatigue, qu'il ne pouvait se soutenir, et néanmoins on le voyait à la même heure se traîner à son poste, plutôt qu'y marcher, s'appuyant sur son inséparable parapluie, et toujours assidu aux exercices de la Communauté de nos Sœurs, comme aux fonctions de son ministère. Il était heureux de se dépenser et de se consumer à chaque instant, pour l'amour de Notre-Seigneur, dans une charge aussi lourde que méritoire, dont l'invariable uniformité suffit pour exercer la santé la plus robuste. D'ailleurs pour lui, il n'y avait point de relâche, jamais de récréation, ni de promenade ou de vacances. Cet assujettissement a certainement avancé sa fin, et nous pouvons dire avec M. notre très-honoré Père : *M. Aladel est mort martyr du devoir et de la Mortification* (1).

Mais qu'on ne s'appitoie ni sur son labeur ni sur ses souffrances; il y goûtait un bonheur réel, plutôt digne d'envie. Oui, parce que *l'amour est fort comme la mort* (2); *l'amour supprime le travail et la peine* (3). Dans son cœur dominait l'amour de la Croix; il était un des fidèles amants du Calvaire, distingués et admirés par S. François de Sales. Là, il retrouvait sa Mère, la Mère des douleurs, et avec elle il se tenait attaché à la Croix, *Christo confixus sum cruci* (4). Là, il goûtait les lumières célestes; là, il puisait aussi la force surhumaine et les pures délices que le divin Crucifié communique abondamment à ceux qui l'aiment.

(1) Allocution prononcée après la mort de M. Aladel. Circulaire adressée aux Sœurs à ce sujet.
(2) Fortis est ut mors dilectio. *Cant.* VIII, 6.
(3) Ubi amatur non laboratur. *S. Augustin.*
(4) J'ai été cloué à la croix de Jésus-Christ. *Gal.* II, 19.

CHAPITRE VII.

SON ZÈLE ET SA PRUDENCE.

M. Aladel était tout pénétré de l'excellence du ministère apostolique, exercé par le prêtre sur la terre. Annoncer l'Évangile à *tous*, propager le règne de Jésus-Christ parmi les hommes et répandre sur eux les richesses ineffables de sa grâce, sauver et sanctifier les âmes pour l'éternité, quoi de plus beau, de plus grand et de plus doux? Ce qui l'avait attiré vers la Congrégation, c'était l'œuvre éminemment catholique des Missions, l'une des fins principales de notre Institut. Dès les premières années de sa Vocation, il manifesta effectivement un ardent désir d'être employé dans les Missions étrangères. Les Supérieurs jugèrent à propos de l'appliquer provisoirement à l'Œuvre des Séminaires. A la vue de ses progrès et de ses accroissements dans la Compagnie et du bien solide et immense qu'elle opère dans l'Église il exprimait parfois le regret de n'être pas resté plus longtemps dans cet emploi. « Soyez saints, répétait-il à ses Confrères qui en étaient chargés, soyez saints pour faire des saints, et ouvrir dans les paroisses autant de sources de bénédictions, qu'il y aura de bons prêtres formés par vous selon Saint-Vincent. » Nous avons rappelé les fruits de sanctification et de salut produits par sa parole dans les campagnes de la Picardie, qu'il évangélisa plusieurs années consécutives. Rappelé à la Maison-Mère et devenu Assistant, il comprit qu'il devait s'appliquer surtout à faire revivre l'Esprit-primitif de la Mission, et à remettre en pleine vigueur parmi nous ses premiers règlements. Nommé Aumônier et plus tard Directeur des Filles de la Charité, il s'est dévoué et sacrifié, chaque jour, au travail préparatoire de leur magnifique Vocation. Comme les intérêts de l'Église catholique le touchaient profondément, il ne cessait d'appliquer à sa défense et à sa propagation les forces vives dont il disposait, en recommandant aux prières et aux intentions des Sœurs telle ou telle affaire, telle ou telle œuvre, telle ou telle contrée, évangélisée par nos Missionnaires. Combien de fois ne leur a-t-il pas déclaré qu'elles devaient être remplies de l'esprit apostolique, comme ces mêmes Missionnaires, afin de coopérer, comme eux et avec eux, au salut des âmes !

Véritablement *le zèle de la maison de Dieu le dévorait* (1); et il ne négligeait rien, soit pour la dignité et la spendeur du culte, soit pour l'ordre et l'exactitude des cérémonies. Rien ne lui échappait, ni la tenue décente du lieu saint, ni la prédication régulière et édifiante de la parole de Dieu, ni l'administration convenable des Sacrements.

Rappeler l'ardent amour avec lequel il propagea dans tout l'univers la dévotion à la Très-Sainte-Vierge, c'est redire aussi sa sollicitude paternelle et sa persévérance à multiplier et à perfectionner les Associations d'Enfants de Marie. Aussi a-t-on pu l'appeler à juste titre l'*Apôtre de Marie-Immaculée*.

Ce prêtre selon le cœur de Notre-Seigneur a opéré un grand nombre de conversions, qui sont de vrais prodiges de grâce. Les faits de ce genre rapportés précédemment nous autorisent à croire qu'il y en a beaucoup d'autres cachés par son humilité et que Dieu seul connaît. Le Zèle qui n'est que la ferveur de la charité lui

---

(1) Zelus domus tuæ comedit me. Ps. LXVIII, 10.

ménageait sans cesse des occasions favorables et même extraordinaires de faire le bien, auxquelles il savait correspondre admirablement.

M. Aladel a assisté à la *résurrection* des deux Familles de Saint-Vincent; il a contemplé avec ravissement toutes les merveilles que le Seigneur a daigné accomplir en elles et par elles. Or, n'est-il pas convenable de dire qu'il n'y a point eu d'œuvre tant soit peu importante, à laquelle il n'ait pris une très-large part, et au succès de laquelle il n'ait puissamment contribué, par sa coopération médiate ou immédiate, par ses prières et ses exemples, ses conseils et son action, ses souffrances et ses mérites? Il a vérifié en lui-même cette maxime de notre Saint-Fondateur : « Une âme toujours dirigée par l'Esprit de Dieu devient capable de faire des choses extraordinaires, bien qu'elles ne soient pas toujours visibles aux yeux des hommes. »

Mais un Zèle ardent, alors même qu'il est accompagné de talents remarquables, devient plus nuisible qu'utile à l'Église et compromet l'œuvre de Dieu, quand il n'est pas dirigé par l'esprit de sagesse, qui doit gouverner les mouvements et les actions de notre âme et régler les autres vertus (1). Saint-Vincent possédait au plus haut degré la Prudence surnaturelle, cette science précieuse qui est le caractère des saints : *Scientia sanctorum, Prudentia* (2). C'est à cette grande qualité qu'il a dû d'accomplir, à lui seul, plus de bien que n'en ont fait tous ensemble les docteurs célèbres de son siècle. M. Aladel, marchant sur les traces de notre Bienheureux Père, avait en horreur l'astuce et les calculs de la politique humaine. Il n'a jamais cessé de se tenir en garde contre la *prudence de la chair*, qui s'appuie ou compte sur les créatures : il s'est constamment attaché à la *Prudence des Saints*, qui met sa fin et sa confiance en Dieu, et « qui nous apprend à juger de tout, comme Jésus-Christ en jugeait, et à parler et à agir comme il parlait et agissait » (3).

Notre Confrère a possédé la vraie Prudence, s'occupant avec sollicitude du salut des autres, mais sans négliger aucunement sa propre sanctification. Il s'unissait d'abord intimement à Notre-Seigneur par la prière et par les divers exercices de piété; il élevait ensuite

---

(1) Prudentia est quædam moderatrix et auriga virtutum. S. Bernard. *Serm.* 49 *in Cant.*
(2) *Proverb.* IX, 10.
(3) *Maximes de Saint-Vincent.*

son esprit et son cœur vers Dieu, durant le cours de ses occupations; il dirigeait vers lui son intention, se fixant doucement en la présence de sa divine majesté, implorant son assistance et se conformant à sa volonté. Convaincu de sa faiblesse, il se tenait toujours éloigné du danger d'offenser le Seigneur et ne s'exposait jamais témérairement. De plus, il évitait ce qui pouvait favoriser l'amour-propre et les autres inclinations désordonnées de la nature. Ces sages précautions, loin de nuire aux œuvres de son office, les rendaient plus saintes et plus fécondes.

« C'est le propre de la prudence de régler les discours et les actions (1), » dit Saint-Vincent.

M. Aladel était connu et universellement estimé pour sa parfaite discrétion. On pouvait en toute sûreté lui confier un secret, une peine intérieure, une affaire quelconque : on était certain que rien ne transpirerait. Toutefois, sans être mystérieux et réservé mal à propos, il aimait à communiquer ce qui devait intéresser ou édifier les autres, entretenir l'union fraternelle et l'entente cordiale. Mais il veillait continuellement sur sa langue, pour ne jamais dévoiler, de quelque manière que ce fût, non-

---

(1) *Maximes de Saint-Vincent.*

seulement ce qu'il savait par la confession, mais encore ce qu'il avait appris par la direction, par sa position officielle ou par quelque confidence. En un mot, il taisait ce qui, de soi-même ou à raison des circonstances, ne devait pas être révélé. Sous ce rapport, son silence était rigoureux et absolu; et c'est l'une des causes de la confiance générale dont il était honoré. Lui demandait-on un conseil, il ne s'empressait pas de répondre, élevant son âme au-dessus des créatures jusqu'au trône de Dieu : il méditait là en silence, et considérait attentivement toutes choses; c'est pourquoi son avis était toujours marqué au coin de l'esprit de Notre-Seigneur et de Saint-Vincent. Ceux qui l'ont fréquenté savent qu'il parlait à la fois avec beaucoup de franchise et de circonspection, sans manquer à aucune convenance du temps, du lieu, des personnes et de l'objet dont il s'agissait. Il ne sortait de sa bouche que des paroles édifiantes, vraiment ecclésiastiques et dictées par l'esprit de charité. Ayant toujours une approbation ou un éloge pour la vertu, il n'hésitait pas non plus à blâmer et à flétrir tout ce qui était condamnable et répréhensible.

Dans ses actions et en toute affaire, il se proposait toujours une fin divine et prenait les moyens propres à y atteindre. Toute son habileté consistait à ne point *enjamber* sur la Providence, à la suivre pas à pas (1), à seconder et non à prévenir ses desseins, et à y correspondre pleinement avec le secours de la grâce. En un mot, il s'appliquait à résoudre, non pas les choses divines par les humaines, mais bien les choses humaines par les divines (2). » Son premier mouvement était de se défier des lumières de son esprit et de ses propres conceptions; il jugeait les choses, non selon les idées du monde, mais d'après les sentiments et les maximes de Jésus-Christ; fidèle en cette pratique à la grande règle prescrite aux siens par Saint-Vincent (3).

Le sage Missionnaire aimait à prendre conseil, surtout de ses Supérieurs, et il tenait compte de leurs avis et de leurs observations. Bien éloigné d'agir à la légère, il ne précipitait rien; écartant de son esprit et de son cœur la préven-

---

(1) *Maximes de Saint-Vincent.*
(2) Paroles de Saint-Vincent dans la *Conférence sur les maximes contraires aux Maximes évangéliques.*
(3) Ideo apud nos sanctum et inviolatum erit semper uti mediis divinis ad res divinas, et de rebus sentire ac judicare juxta sensum et judicium Christi, nunquam verò mundi, neque etiam secundum imbecillem intellectus nostri ratiocinationem. *Reg. communes*, cap. II, § 5.

tion, il examinait tout sérieusement, et tâchait de bien saisir l'ensemble et les détails d'une affaire, comme aussi les difficultés et les résultats, les effets bons ou mauvais : il pesait tout avec maturité, à la lumière de la foi, et savait attendre l'occasion, sans négliger aucune précaution convenable. Après avoir ainsi pesé et approfondi l'affaire devant Dieu, sans perdre de vue la fin surnaturelle qu'il se proposait, s'il prenait une décision, il y demeurait ferme et stable, cherchant toutefois à tempérer autant que possible par sa douceur et sa charité la rigueur des mesures jugées nécessaires. Fidèle à la règle de préférer toujours le bien général au bien particulier, le salut de l'âme à la santé du corps, les intérêts spirituels aux temporels, la gloire du Très-Haut aux vanités du monde (1), il mettait constamment en pratique la maxime capitale de *chercher avant toutes choses le royaume de Dieu et sa justice* (2).

Cette Prudence naturelle, relevée et perfectionnée par son union habituelle à Notre-Seigneur, le rendait très-propre à la conduite des âmes. Il avait une horreur instinctive de toute

---

(1) *Reg. comm.* cap. II, § 2.
(2) Quærite primum regnum Dei et justitiam ejus. *Matth.* VI, 33.

direction vague et sentimentale, et accompagnée des ménagements d'une fausse condescendance. Il savait au besoin frapper fort et juste. Ce n'était pas dans les délices de l'oraison et les consolations intérieures qu'il faisait consister la perfection, mais bien dans le dur labeur de l'accomplissement des préceptes divins, dans le sérieux amendement de ses défauts et la lutte perpétuelle contre la nature. La prière et le renoncement étaient pour lui les fondements de tout édifice spirituel; le courage et la confiance en élevaient la structure, dont le couronnement était la paix et la charité. Quand une âme lui était confiée, il commençait par appeler sur elle la bénédiction divine par ses humbles supplications, ses austérités et ses bonnes œuvres. Il tâchait ensuite d'acquérir une connaissance approfondie de son naturel, de ses inclinations et de sa vocation à tel genre de vie, ou à tel degré de sainteté. Puis il l'animait à combattre le défaut dominant par la vertu contraire, dont les divers actes ménagés par degrés l'élevaient du moins parfait au plus parfait, jusqu'à la ressemblance et à l'union intime avec Notre-Seigneur Jésus-Christ. D'après ce progrès spirituel il insistait plus ou moins sur telle ou telle pratique, la lui indiquant comme le principal objet de ses prières, de ses aspirations, de ses efforts et de son examen particulier.

Il s'attachait à suivre fidèlement les desseins de la Providence à l'égard de chacun, employant, pour développer son énergie dans le bien, les exercices religieux, surtout la méditation, puis la sanctification des actions ordinaires, et l'accomplissement surnaturel de tous les articles de la Règle et des devoirs de l'état. Une vraie dévotion à notre divin Sauveur et à son Immaculée-Mère était son moyen efficace. En embrasant les cœurs du double amour de Jésus et de Marie, il faisait aimer la souffrance, les humiliations, l'autorité, la vie cachée, l'esprit de sacrifice et de dévouement.

Il savait ainsi rendre la piété douce et facile, la vertu aimable et généreuse, par cette méthode à la fois simple et solide qui a sanctifié une multitude d'âmes.

En un mot, il procédait avec une rare Prudence dans sa conduite privée, comme dans ses rapports avec le prochain. A l'exemple de Saint-Vincent, il avait pris pour guide infaillible la Sagesse éternelle, se demandant avant de juger et d'agir : qu'eût fait et dit Notre-Seigneur en pareille circonstance ? Aussi a-t-il uni heureusement la candeur à la discrétion, et *la Prudence du serpent à la simplicité de la colombe* (1).

(1) Estote ergo prudentes sicut serpentes, et simplices sicut columbæ. *Matth.* x, 16.

CHAPITRE VIII

SA PAUVRETÉ.

Le 25 janvier 1846, M. Aladel, chargé par notre très-honoré Père de la Conférence qui se tient annuellement ce jour-là, et d'y traiter de l'Esprit-primitif de la Petite-Compagnie, s'attacha à démontrer qu'aucune compagnie ne doit imiter plus fidèlement Jésus-Christ que la Congrégation de la Mission, suscitée par la divine Providence pour continuer sur la terre la mission même du Sauveur des hommes. « Elle ne peut, disait-il, remplir cette mission du Fils de Dieu qu'en s'animant de son esprit et en employant les mêmes moyens et les mêmes armes pour vaincre le monde dans sa triple concupiscence : la cupidité, la volupté et l'orgueil. A la cupidité, a été opposée la sainte Pauvreté ; à la volupté, l'angélique chasteté ; à l'orgueil, l'humble obéissance. C'est pour cela que le Missionnaire, ajoutait-il, doit faire une estime et une profession spéciale de ces trois vertus. »

En ce qui concerne la Pauvreté, M. Aladel s'appliqua surtout à imiter celle de Saint-Vincent, qui, comme Notre-Seigneur, est né pauvre, a vécu pauvre, est mort pauvre, et qui nous a si bien expliqué le caractère et les conditions de cette vertu dans nos Constitutions. Notre respectable Confrère ne s'est pas contenté d'embrasser de grand cœur et d'affectionner fortement la Pauvreté évangélique ; il a tâché d'en accomplir, autant que possible, des actes fréquents et méritoires. Il bénissait le Seigneur d'être dans un état qui, en délivrant des sollicitudes temporelles, donne toute facilité et tant d'occasions de pratiquer cette vertu. Il s'estimait heureux de n'avoir rien en propre et tout en commun, à l'exemple des premiers Chrétiens. Demander chaque semaine avec humilité et modération ce qui est nécessaire, vivre dans une entière dépendance, sous ce rapport, mais parfaitement détaché des biens et des commodités de la vie ; être quelquefois oublié, mal servi, et recevoir même ce qu'il y a de pire dans la maison ; en un mot, éprouver quelques inconvénients de la Pauvreté, tout cela était à ses yeux un profit spirituel et une occasion de se réjouir dans le Seigneur. Jamais il n'a exprimé à ce sujet la plus légère plainte ni le moindre mécontentement. Plus d'une fois son esprit de mortification obligea les Supérieurs à s'informer de ses besoins et à y pourvoir. Il ne voulait rien retenir à l'insu ou sans la permission du Supérieur, étant du reste bien résolu de tout quitter au premier signe de sa volonté. Il se considérait comme le pauvre à qui l'on fait l'aumône de tout ce qu'il possède. Aussi disposer d'un objet, le dépenser, le donner et le recevoir comme le prêter ou le garder, étaient autant d'actes dont il demandait l'autorisation en temps convenable. Les objets destinés à son usage étaient conservés et entretenus avec autant de soin que de propreté. Son ameublement n'offrait rien de superflu ni de curieux ou de tant soit peu recherché. Les Sœurs de la Charité essayèrent plusieurs fois de remplacer ses deux vieux fauteuils et ses pauvres chaises par des siéges plus convenables, comme aussi de lui substituer certains objets qu'elles jugeaient utiles ou nécessaires ; mais elles ne purent vaincre sa résistance, ou plutôt son esprit de renoncement et de mortification. Le bon Frère chargé de visiter sa chambre ne pouvait, sans recourir à la ruse, changer ou remplacer les objets usés et vieillis : M. Aladel les trouvait toujours assez neufs pour son usage, et prétendait qu'ils lui convenaient mieux. Il brûlait très-peu de bois, l'hiver, n'allumant de feu qu'aux jours où le froid sévissait, et encore avait-il grand soin de l'éteindre ou de le couvrir, lorsqu'il sortait. Il ne mangeait jamais entre les repas, et il s'abstenait des mets ou des vins trop recherchés, ainsi que de toute sorte de liqueurs, disant que son mauvais estomac ne pouvait les supporter. Mais, selon nous, c'était son esprit de mortification qui les trouvait insupportables. Devait-il entreprendre un voyage pour quelque mission ou affaire, il y apportait la plus stricte économie, et à son retour en rendait un compte exact, remettant avec fidélité au Procureur l'argent qui lui restait.

Toujours porté à s'imposer des privations et à épargner le bien des pauvres, il lui était facile de recommander aux autres ce qu'il était si fidèle à observer lui-même. Aussi, quand il exerça l'office d'Assistant de la Maison, il contribua plus que tout autre à y faire revivre la Règle et l'esprit de Pauvreté. Il profitait habilement de toutes les occasions pour en inspirer l'amour et la pratique. Ainsi, à l'exercice dit de l'*obéissance*, il donnait souvent de sages avis sur cette matière. Il veillait en outre à ce que le Confrère préposé au soin de la Pauvreté allât demander régulièrement, tous les huit jours, les besoins de chacun, recommandant qu'on s'adressât à lui exclusivement et qu'on fût promptement et convenablement servi, sans qu'aucun abus ou relâchement ne s'introduisît dans cet article de nos Règles. D'un autre côté, il savait faire aimer la Pauvreté, soit par les motifs de piété qu'il suggérait à propos, soit par cette bonté de cœur qu'il mettait à pourvoir largement à tous les besoins. A l'exemple de notre Bienheureux Père, il témoignait une grande charité aux malades, et ne négligeait rien pour procurer leur soulagement ou les aider à sanctifier leurs souffrances. Il affectionnait beaucoup nos chers Frères, les estimant comme de vrais et actifs coadjuteurs de l'œuvre de Dieu. Il faisait en sorte que leurs emplois fussent bien réglés, sagement distribués, et saintement remplis.

Il secondait de tout son pouvoir les ordonnances et recommandations de M. le Supérieur-général sur la Pauvreté, répétant avec Saint-Vincent : « La fidélité des Missionnaires en ce point est le rempart inexpugnable de la Compagnie, le gage de sa perfection et de sa prospérité, la source de toutes les bénédictions du Ciel (1).

---

(1) Unusquisque in hac virtute colenda ipsum Christum, pro sua tenuitate imitari conabitur, certo sciens hanc fore inexpugnabile propugnaculum, quo Congregatio, divina aspirante gratia, perpetuo conservabitur. *Reg. com.* cap. III, § 1.

CHAPITRE IX

SA CHASTETÉ.

M. Aladel avait mis la pureté de son âme et de son corps sous la protection spéciale de la Très-Sainte et Très-Immaculée Vierge Marie, de Saint-Joseph, de Saint-Jean l'Évangéliste et de notre Saint-Fondateur. Il adressait souvent d'humbles et ferventes prières pour obtenir, par leur intercession, cette noble vertu, qui dans un corps mortel nous fait vivre de la vie des Anges. Il l'aimait par-dessus tout, comme l'ornement le plus précieux de l'âme chrétienne, le fleuron le plus magnifique de la couronne sacerdotale, et la principale gloire des deux Familles de Saint-Vincent. La pureté est bien effectivement une glace polie que le plus léger souffle peut ternir, et un beau cristal que le moindre choc peut briser; aussi prenait-il toutes les précautions pour conserver ce trésor céleste que nous portons ici-bas dans des vases si fragiles. Il en comprenait la nécessité absolue pour le Missionnaire, qui non-seulement doit exceller dans cette vertu, mais encore éloigner le plus léger soupçon du vice contraire, attendu que ce simple soupçon, quoique injuste et mal fondé, nuirait plus à la Compagnie et à ses saints emplois que toute autre accusation. C'est pourquoi il croyait avec notre Bienheureux Père que, pour conjurer ce malheur, il fallait prendre des moyens, non-seulement ordinaires, mais même extraordinaires. Il était d'avis qu'à cet égard l'on doit toujours suivre le parti le plus sûr, et éviter promptement et soigneusement les occasions, sans jamais s'exposer au moindre danger; car *qui aime le danger y périra*. Sa prudence consommée a suggéré à ce sujet des avis très-sages, des mesures excellentes, que l'expérience est venue plus d'une fois confirmer. On sait avec quel zèle il rappelait l'exacte observance de nos Règles et de nos traditions sur ce point, notamment des Décrets si formels de nos Assemblées-générales, qui interdisent aux femmes l'entrée de l'intérieur de nos résidences : on l'a vu, en une circonstance, menacer de son parapluie une personne indiscrète, qui ne voulait pas respecter ce règlement.

Il avait placé sa pureté sous la sauvegarde de

la modestie, veillant avec soin sur ses sens intérieurs et extérieurs, particulièrement sur ses regards, qu'il tenait doucement baissés en allant et venant par la ville (1). Il redoutait, pour lui comme pour les autres, les sorties et les promenades trop fréquentes, comme aussi les entretiens trop prolongés au parloir ou ailleurs. Lorsqu'il était obligé d'avoir quelques rapports avec les personnes du sexe, on pouvait dire de lui, comme de S. François de Sales, qu'il voyait ces personnes, sans les regarder, c'est-à-dire sans fixer sur elles un regard curieux et trop attentif. Il les écoutait avec patience, et, après avoir suffisamment saisi leur pensée, il y répondait en peu de mots et toujours convenablement. Aussi laissait-il une sainte impression dans les âmes. Ses lettres étaient aussi discrètes et édifiantes que ses conversations. Du reste, il s'interdisait toute visite inutile ou tant soit peu imprudente. Quand il jetait un coup d'œil sur les journaux, il évitait tout ce qui était frivole ou propre à le distraire des choses de Dieu. Ses occupations étaient sérieuses et animées de l'esprit de piété; et sa grande mortifi-

(1) Averte oculos meos ne videant vanitatem. *Ps.* CXVI I, 37.

cation ne contribuait pas peu à garder la pureté de son âme et de son corps.

Il apportait une religieuse et parfaite gravité dans l'exercice de son ministère, comme dans l'accomplissement de ses devoirs envers les âmes que Dieu lui confiait, sachant que le démon est le plus astucieux des êtres et qu'il se glisse et s'insinue adroitement jusque dans les fonctions les plus sacrées. Il craignait toute illusion, surtout colorée du prétexte de dévotion et de charité. Notre-Seigneur lui avait donné, à cet égard, un tact exquis, et l'on peut dire surnaturel. Que d'imprudences n'a-t-il pas prévenues ou arrêtées! Que de fausses démarches n'a-t-il pas redressées et corrigées! Dieu seul peut apprécier le bien réel et solide qu'il opéra dans ces diverses circonstances.

Avant de le nommer Directeur des Sœurs, M. le Supérieur-général l'avait éprouvé dans les nombreuses retraites qu'il donnait de côté et d'autre. Il y gardait toujours la plus exacte modestie. Son regard, sa parole, son maintien, dans ses voyages et dans ces diverses rencontres, avaient toujours un reflet de la présence de Dieu que manifestait toute sa personne. Il désirait, autant que possible, pour lui-même comme pour les autres, un compagnon de voyage. « Alors disait-il, on est au moins quatre, les deux voyageurs et leurs deux Anges-gardiens, ce qui est un puissant renfort dans le danger.

Le temps que la divine Providence lui confia la direction des Sœurs fut une occasion pour sa vertu de paraître et de resplendir avec tout son éclat. Il fut l'exact observateur des prescriptions et des avis de Saint-Vincent, que ne cessent de rappeler les Circulaires du Supérieur-Général réglant les rapports des Missionnaires avec les Filles de la Charité. Il s'appliquait d'abord à donner l'exemple. A ses yeux les moindres infractions ou négligences sur ce point étaient de nature à compromettre l'honneur des particuliers et de toute la Compagnie, ce qui serait le coup le plus funeste porté à l'œuvre de Saint-Vincent. Les Sœurs qui l'ont connu et examiné de plus près sont unanimes à lui rendre le beau témoignage : « Que tout en lui, son visage, son regard, sa tenue pleine de dignité, ses gestes et ses paroles respiraient un parfum de modestie, d'innocence et de piété. En chaire, comme à l'autel, au tribunal sacré comme dans la direction, en public comme en particulier, tout en sa personne était empreint de décence, de gravité et de sainteté, tout communiquait l'amour de Jésus et de Marie, et, par Jésus et Marie, le dégoût des choses de la terre et un attrait irrésistible pour l'angélique vertu. Dans les conseils et les affaires, apparaissait toujours l'homme de Dieu, l'homme détaché de tout ce qui passe, le vrai Fils de Saint-Vincent. » C'est pourquoi nous pouvons ajouter, comme conclusion, que jamais une ombre n'a voilé ou amoindri l'éclat de son renom, et que sa mémoire sera bénie à jamais (1).

(1) In memoria æterna erit justus; ab auditione mala non timebit. *Ps.* cxi, 7.

CHAPITRE X.

SON OBÉISSANCE.

Tout *pouvoir vient de Dieu* et n'est que la manifestation et la représentation de la puissance divine auprès des hommes ; manifestation et représentation bien nécessaires, car sans ce pouvoir, exercé régulièrement, le monde ne serait qu'un horrible chaos et toute Communauté ressemblerait à la *tour de Babel*, selon l'expression de Saint-Vincent (1). C'est ce qui rendait l'autorité si sainte et si sacrée aux yeux de M. Aladel. Son grand esprit de foi lui montrait Notre-Seigneur Jésus-Christ dans les Supérieurs, et, dans leurs actes officiels, l'expression de sa divine volonté. Son jugement droit et éclairé par la grâce lui faisait comprendre le devoir impérieux de l'Obéissance. Pendant le temps précieux du Séminaire-interne et des Études, il s'était pénétré des plus fortes convic-

(1) *Conférence de Saint-Vincent sur l'obéissance*, 1re pie.

tions touchant ce point essentiel ; il en avait demandé, dans ses prières et ses méditations, l'intelligence et la pratique ; il s'était adonné avec zèle aux divers actes de cette vertu, qu'il avait continuellement l'occasion de pratiquer. C'est ainsi qu'il s'établit et s'enracina de jour en jour dans cette parfaite Obéissance, dont sa vie tout entière offre un modèle remarquable. Tous ceux qui le connurent ont pu admirer son excellent esprit de subordination et d'entière dépendance de ses Supérieurs, comme aussi son attachement inviolable et sa soumission intérieure et extérieure à la Règle. Si d'autres ont la passion de commander, M. Aladel a eu celle d'obéir et d'entraîner tout le monde à l'Obéissance. C'est le témoignage solennel que M. notre très-honoré Père lui rendit en ces termes : « Sa passion dominante, si je puis m'exprimer ainsi, a été le culte de l'autorité (1). »

Avant tout et par-dessus tout, notre digne Confrère gardait l'Obéissance la plus respectueuse, la plus sincère et la plus fidèle à notre Saint-Père le Pape, Chef visible de l'Église, Pontife suprême et universel, Pasteur des *brebis* et des

---

(1) Allocution prononcée dans la chapelle des Sœurs, après la mort de M. Aladel. Voir notes et pièces justificatives.

agneaux, des peuples et des rois, *colonne* et *fondement* de la vérité catholique, en un mot, Vicaire de Jésus-Christ. Dieu lui ayant accordé la grâce de faire deux fois le pèlerinage de Rome, il en profita pour fortifier de plus en plus dans son cœur le parfait dévouement au Saint-Siége apostolique. Il se rappela avec bonheur que Saint-Vincent mandé à Rome, après sa captivité de Tunis, « fut si consolé de se voir en cette ville, maîtresse de la Chrétienté, où est le Chef de l'Église militante, où sont les corps de S. Pierre et de S. Paul, et de tant d'autres martyrs et saints personnages, qui ont autrefois versé leur sang et employé leur vie pour Jésus-Christ; qu'il s'estimait heureux de marcher sur la terre où tant de grands Saints avaient marché, et que cette consolation l'avait attendri jusqu'aux larmes. » A l'exemple de notre Saint-Fondateur, M. Aladel rapporta, avec la bénédiction du Souverain-Pontife, de la cité des Saints-Apôtres, foyer ardent et inépuisable des saines doctrines et de la vraie piété, un nouvel esprit de foi et un attachement inviolable à l'autorité divine de Pierre, parlant et gouvernant par ses Successeurs. Aussi avec quel respect et quel amour il acceptait et vénérait tous les actes émanés du Saint-Siége! Avec quelle humble soumission il adhérait d'esprit et de cœur, je ne dis pas seulement aux définitions de foi, mais aux décrets, aux déclarations, aux ordres et à toutes les recommandations du Pontife-Romain ! « Volonté du Pape, volonté de Dieu, » s'écriait S. Alphonse de Liguori, dans une circonstance mémorable : telle était aussi la maxime et la règle de conduite de notre pieux Confrère.

Il montrait non moins de docilité et de déférence à NN. SS. les Évêques, d'après les Constitutions et les Règles de notre Institut.

Mais comment louer son Obéissance prompte, joyeuse, aveugle et persévérante à son Supérieur-Général? Dans toutes les choses où il n'y avait pas évidemment péché, il témoignait une soumission pleine et entière de jugement et de volonté, non-seulement aux prescriptions et aux avis, mais encore aux moindres intentions du Successeur de Saint-Vincent. La manière dont il parlait de M. Salhorgne exprimait bien sa haute estime et sa vénération filiale pour ce digne Supérieur de la Compagnie. Quoique nommé Assistant par M. Nozo même, il ne se croyait pas obligé pour cela à partager en tout sa manière de juger, ni à tout approuver dans son administration; mais il y mettait tant de prudence et de discrétion qu'il ne laissait rien percer au dehors, si ce n'est le respect et l'obéissance dus à l'autorité. Dès son entrée dans la Congrégation, il avait connu et aimé M. Étienne; leurs cœurs s'étaient compris, et les rapports de la plus intime cordialité n'ont point cessé de les unir. Or, malgré cette profonde et touchante amitié, dès que M. notre très-honoré Père fut élu par la divine Providence et élevé à la dignité de Supérieur-Général, on remarqua en M. Aladel à son égard une attitude et une façon de parler et d'agir qui dénotaient le plus profond respect et la plus religieuse déférence, en même temps que le plus humble dévouement pour celui qui représentait à ses yeux la personne de Notre-Seigneur Jésus-Christ. Il procéda toujours envers lui avec autant de simplicité et de franchise que de soumission, édifiant ainsi jusqu'à la fin les deux Familles de Saint-Vincent par sa belle conduite envers son vénéré Supérieur.

Ce grand serviteur de Marie avait coutume de présenter la Très-Sainte Vierge comme le modèle accompli de l'Obéissance, proposée à notre imitation dans les augustes mystères de l'Incarnation et de la Passion; et, afin de mettre en pratique les conseils qu'il donnait sur ce sujet, il ne recevait pas facilement les plaintes portées contre les Supérieurs, dont il prenait le parti et qu'il avait toujours soin de faire respecter. Après avoir amené chacun à reconnaître ses défauts et à s'en corriger, il cherchait à concilier, autant que possible, les intérêts opposés, réglant ainsi toutes choses pour le mieux. Dieu lui avait donné une grâce particulière pour dissiper les préventions, calmer les malaises et maintenir l'ordre et la paix. Du reste il suffisait de considérer sa manière d'agir, pour comprendre le véritable esprit d'Obéissance.

En effet, la sienne était surnaturelle. C'est Notre-Seigneur Jésus-Christ qu'il voyait uniquement et honorait dans les Supérieurs. De plus, cette vertu était en lui simple et sincère, et n'admettait aucune vaine distinction ni recherche personnelle. Cordial et affectueux, il conservait une sainte gaieté, en se préservant de toute bassesse ou flatterie. Son dévouement était généreux, entier, bravant les obstacles et les répugnances de la nature, et sa fidélité, constante et universelle, s'étendait à toutes les personnes à qui elle était due et à tous les actes que lui prescrivait le devoir. Ainsi son Obéissance embrassait tous les points de la Règle, et le premier son de la cloche était toujours pour lui la voix ou l'appel de Dieu.

CHAPITRE XI.

SON ESPRIT DE RÉGULARITÉ ET LA SANCTIFICATION DE SES ACTIONS ORDINAIRES.

Pour M. Aladel nos saintes Règles n'étaient point une invention de l'habileté humaine, mais bien une inspiration de l'Esprit de Dieu, une effusion de sa grâce et un rayonnement de sa lumière sur la Compagnie : aussi y rattachait-il toutes les conditions de son existence, sa perpétuité, sa prospérité et la sanctification de ses membres. « Ces Règles sont, disait-il, un dépôt sacré, reçu du Ciel par l'entremise de notre Saint-Fondateur, et qui doit être conservé jusqu'à la fin des temps dans son intégrité primitive, sans subir aucune altération ni modification. » Ce qui augmentait, s'il est possible, sa vénération pour la Règle, c'est qu'établie par Saint-Vincent et consacrée par une longue expérience, elle avait encore été approuvée par le Saint-Siége, et était ainsi devenue pour nous l'expression manifeste de la volonté divine, la source pure et abondante de ses bénédictions. Il ne se lassait point d'admirer la beauté, la sage harmonie et la perfection de nos Constitutions fondamentales et de nos Constitutions communes (1). Il témoignait, chaque jour, la plus vive reconnaissance au Seigneur de l'avoir appelé dans une Congrégation si bien réglée et si fortement constituée. Après l'Écriture-Sainte, le livre de nos Règles-communes lui semblait être le manuel par excellence du Missionnaire, et comme un supplément du *livre de vie*, ou l'abrégé le plus parfait de la pure doctrine du divin Maître. Aussi avait-il soin de le lire, ou mieux, de le méditer avec une pieuse attention, non-seulement tous les jours, mais surtout à certaines époques, telles que les retraites spirituelles. Il priait beaucoup afin d'en obtenir pour lui, comme pour les autres, la complète intelligence et l'amour pratique (2). Il s'humiliait profondément devant Dieu, lorsqu'il avait à se reprocher quelque manquement ou infraction ; il en demandait pénitence au Supérieur, et il prenait les moyens de ne plus retomber

---

(1) Il a plusieurs fois manifesté ses impressions à ce sujet, en distribuant aux Confrères le livre des Règles, dont il a eu longtemps le dépôt.

(2) *Reg. comm.* cap. XII, §§ 13, 14.

dans cette faute. Tout ce qui nous vient de Saint-Vincent et de son autorité légitime était sacré pour lui ; de là, son attachement et sa fidélité soit aux Constitutions, soit aux Règles-communes, à l'ordre de la Maison, aux exercices de piété, aux règlements des Offices, à nos pieux usages, aux Ordonnances ou Circulaires du Supérieur-Général, et aux Décrets des Assemblées-générales. C'est à cette ponctualité qu'il attribuait principalement la vie, l'unité, la conservation, la prospérité de la Compagnie, ainsi que l'union et la perfection des Confrères.

Entré dans la Congrégation au moment où elle travaillait encore péniblement à se relever de ses ruines, ce vrai Missionnaire contribua de tout son pouvoir au rétablissement et à l'exacte observation de la Règle. Chargé, en qualité d'Assistant, de veiller d'une manière très-spéciale à son entier accomplissement, il ne négligea rien pour la faire régner en souveraine, dans la Maison-Mère, ainsi que dans les autres Maisons. En public, comme en particulier, sa sollicitude embrassait tous les détails, employait et faisait jouer tous les ressorts pour remettre en pleine vigueur la régularité primitive. Sa fermeté savait la maintenir et sa haute piété en donnait l'exemple. Ce que ses avis pleins de gravité et de précision avaient commencé, ses prières unies à ses actes et à ses mérites l'achevaient. L'énergie qu'il déploya à Rome en 1843, de concert avec M. Étienne, alors Procureur-général, contribua efficacement à ce que le Souverain-Pontife conservât intactes les Constitutions de la Compagnie, telles que notre Saint-Fondateur les a établies. Avec quelle affection et quelle constance n'a-t-il pas secondé, depuis, le zèle de M. Étienne, élu Supérieur-Général, la même année, pour restaurer les deux Familles de Saint-Vincent dans leur ferveur primitive ! Dans les Conseils, dans les Assemblées-générales, et en beaucoup d'autres circonstances, il usa de son autorité pour remettre en honneur les diverses prescriptions de la Règle et toutes nos anciennes et vénérables traditions. Il était heureux de voir refleurir au milieu de nous toutes les observances qui avaient sanctifié nos Pères, pendant plus de deux siècles ! Également dévoué au bien des deux Communautés, il s'attacha toujours à entretenir l'amour de l'ordre et de l'uniformité, et à en écarter le relâchement, les innovations et les abus. Tout ce qui a été dit précédemment est la preuve évidente que M. Aladel a été pendant sa vie un modèle accompli de régularité.

Mais s'il tenait à la lettre, il tenait encore plus à l'esprit qui la vivifie. Aussi son exactitude était-elle animée de sentiments intérieurs qui en relevaient le mérite, comme il est facile de s'en convaincre par ce règlement écrit de sa main pour la sanctification de la journée tel que nous le trouvons dans le *Recueil de piété* composé par lui pour ses besoins spirituels.

« Dès le premier instant du réveil, élever mon cœur vers Dieu, le lui offrir, faire avec attention le signe de la Croix. Promptement levé, adorer la Très-Auguste Trinité et implorer le secours de la Très-Sainte Vierge par les prières ordinaires. En m'habillant avec modestie, prier le Seigneur de me revêtir de lui-même : *Indue me, Domine, novum hominem..... Christus magne, sacerdotum tunica* (1). Prendre mon crucifix, *o Crux, ave;* le baiser avec amour, l'appliquer sur mon cœur : consacrer à la gloire de Dieu, en union avec Jésus-Christ, toutes mes pensées et tous mes jugements, toutes mes paroles, tous les sentiments et toutes les affections de mon cœur, toutes les actions et toutes les souffrances de la journée, renonçant à tout ce qui n'est pas Dieu, me donnant tout à Dieu, avec la

---

(1) S. Gregor. Nazian.

protestation de ne vouloir désormais que lui seul, son bon plaisir et tout ce qui peut le glorifier. Avoir soin de renouveler cette offrande de temps en temps, surtout au commencement des principaux exercices... Se rappeler le sujet et le fruit de la méditation proposée, dès la veille.

« Jésus-Christ nous attend à l'église. Me hâter de venir l'adorer avec les Anges qui l'environnent, et le supplier de me donner sa bénédiction... Que Jésus me fasse prier, parler et agir, qu'il m'anime en tout et toujours, afin que je vive continuellement de sa vie !... Je m'unis intérieurement aux intentions si pures, aux dispositions si saintes de Marie-Immaculée, afin de me conduire et de souffrir comme elle... Enfin que Saint-Vincent daigne me remplir de l'esprit de notre sainte Vocation !

« Me préparer à l'oraison, en suivant Jésus-Christ au jardin des Olives; m'anéantir en présence de la divine Majesté : Pontife ineffable, sublime modèle des prêtres, Jésus agonisant, je prierai à vos côtés, je m'unirai étroitement à vous !... Invoquer l'Esprit-Saint, Marie, la Reine du Clergé, l'Ange-Gardien, les Saints-patrons; m'unir à tous les élus du ciel et de la terre. Adorer Notre-Seigneur, comme le centre

de la Religion, comme le trône éclatant sur lequel le Père éternel s'est assis pour se réconcilier le monde : *Deus erat in Christo, mundum reconcilians sibi* (1). Supplier ce doux Jésus de m'ouvrir son Sacré-Cœur ; entrer par le Cœur-Immaculé de Marie dans le Cœur adorable de Jésus : « C'est ma chère cellule, disait une sainte
« âme, le charmant lieu de ma demeure, l'ai-
« mable sanctuaire d'où je ne peux plus sortir,
« où je désire non-seulement faire mon oraison,
« mais passer toute la journée et toute la nuit ;
« puis toujours y vivre, y mourir, y être jugé,
« afin d'y reposer pendant toute l'éternité... »
Pendant la méditation, descendre dans les détails pratiques du sujet et en même temps dans les détails de mes misères spirituelles ; insister sur les défauts et les vertus qui se rapportent à l'esprit de la Vocation... A la fin, prier le divin Sauveur, caché et immolé pour nous dans l'Eucharistie, de bénir les résolutions qu'il m'a suggérées...

Avant de commencer le Bréviaire, nourrir mon âme de la pensée du Mystère ou du Saint dont on fait la fête ; m'établir en la société de tous les élus, entre Marie et l'Ange-Gardien,

---

(1) *II Corinth.* v, 19.

et les deux Familles de Saint-Vincent, pour les besoins généraux et particuliers. J'agirai de même à la sainte messe, que je veux célébrer tous les jours, à l'exemple de notre Saint-Fondateur, pourvu que l'Ange conducteur de mon âme me le permette. Mais il faut s'y préparer dignement par l'union intime et parfaite aux intentions, aux affections et aux mérites de Jésus-Christ, Souverain Prêtre, offrant son auguste sacrifice dans la dernière Cène et sur le Calvaire. « Votre préparation,
« dit S. François de Sales, doit être une prépa-
« ration d'amour, parce que c'est l'amour qui a
« rendu Notre-Seigneur victime, et c'est ce même
« amour qui fait qu'il ne se lasse pas de s'immo-
« ler pour nous. En l'offrant sur l'autel, votre
« cœur devrait s'enflammer et se consumer ;
« alors vous verriez se vérifier en vous ce qu'a
« dit cet aimable Sauveur : *Si quelqu'un m'aime,*
« *je l'aimerai et je me communiquerai à lui...*
« Après l'avoir offert, vous ne devriez être qu'a-
« mour. » O grand Saint-François, obtenez-moi la grâce de comprendre, comme vous, tout ce qu'il y a de sublime, de miraculeux, de divin dans cet adorable sacrifice ; apprenez-moi à captiver mes sens, à maîtriser mon imagination, à dominer mon âme, à l'enchaîner à

l'autel ! O Marie, ma tendre Mère, vous me prêterez les sentiments et les dispositions avec lesquels vous avez uni et identifié votre sacrifice à celui de la Croix : *Una erat Christi et Mariæ voluntas; idem unum pariter holocaustum offerebant : hæc in sanguine cordis, hic in sanguine carnis* (1). Avoir soin de sacrifier à Notre-Seigneur l'un de mes défauts... consacrer un temps convenable et toute la journée à l'action de grâces... demander de nouveau et fixer ma demeure dans le Sacré-Cœur de Jésus.

« Me livrer ensuite à mes occupations, toujours en union avec Notre-Seigneur, surtout dans les fonctions du saint ministère; nourrir mon cœur de la pensée de Jésus crucifié, afin de recevoir continuellement des plaies sacrées du Sauveur la lumière, la force et la consolation.

« Faire tous les jours la lecture du Nouveau-Testament, avec les actes prescrits et selon l'esprit de nos Règles; puis une lecture spirituelle par manière de méditation.

« Attacher beaucoup d'importance et apporter la plus sérieuse attention aux deux examens particuliers sur ma *pratique*, ainsi qu'à l'exa-

(1) Arnaud de Chartres, ami de S. Bernard, *De laudibus Mariæ*.

men général du soir, tâchant d'éviter dans ces exercices le vague et la routine.

« Réciter l'Angélus et les autres prières à la Sainte-Vierge, notamment le chapelet, avec beaucoup de foi, de confiance et de dévotion, pour me mettre chaque jour sous la protection toute-puissante de Marie-Immaculée, et, par son entremise, attirer les plus précieuses bénédictions de son divin Fils sur moi et sur les âmes qui me sont confiées.

« Observer entièrement les Règles du silence et de la modestie.

« Faire en sorte de ne pas perdre de vue la présence de Dieu, dans les repas et les récréations; les prendre sous les yeux et pour la gloire de Notre-Seigneur.

« Dans toutes les actions et tous les entretiens, entremêler quelques pieuses aspirations; que tous mes pas, toutes mes paroles honorent Dieu... Lorsque j'écrirai, que tous les mots, toutes les lettres soient autant d'actes d'amour... Si je descends, que chaque marche soit le symbole d'un degré d'humilité; si je monte, que chaque degré soit le symbole d'un nouveau degré d'amour... Au réfectoire, penser au fiel de la Passion, ou au Paradis, où nous serons nourris de la vue et de la possession de Dieu...

En allumant du feu, penser à celui de l'enfer, tant de fois mérité; prier Jésus de m'embraser du feu de la charité... et ainsi de suite pour tout le reste.

« A trois heures du soir, monter en esprit sur le Calvaire, pour assister au grand sacrifice de la Croix; adorer le doux Jésus, victime sanglante de nos péchés, entre les bras de Marie, et en union avec cette Mère de douleurs....

« Après la prière du soir, visite au Très-Saint-Sacrement; laisser l'Ange-Gardien auprès de Notre-Seigneur pour lui dire, toute la nuit, que nous l'aimons, pour s'unir aux Anges adorateurs et offrir leurs hommages en expiation des fautes de la journée; y laisser aussi mon cœur pour entrer dans leurs sentiments d'amende honorable et d'actions de grâces. Enfin pour dédommager le bon Dieu de mes offenses, lui offrir la vertu de Jésus-Christ contre laquelle j'ai le plus manqué... Acte de contrition, puis avant le coucher, dire avec dévotion : O mon Dieu, je vous donne mon cœur; je vous aime par-dessus tout, de toute ma volonté et de toutes mes forces; j'aime et j'accepte tout ce qui est conforme à votre bon plaisir; je vous offre mon sommeil en union de celui que Jésus a pris, pendant sa vie mortelle, vous suppliant d'animer mon cœur si puissamment, que tous ses mouvements se portent vers vous, que toutes ses respirations soient autant d'actes d'amour. Daignez, ô mon Dieu, me préserver de toute souillure et de tout mal... *Ave Maria* pour la conversion des pécheurs... *Sub tuum præsidium*... et *Monstra te esse matrem*, pour me mettre sous la protection de notre chère et tendre Mère... Considérer le lit comme un tombeau ; y jeter de l'eau bénite... Faire le signe de la Croix... *Benedictio Dei omnipotentis, Patris, et Filii, et Spiritus-Sancti descendat super me et maneat semper. Amen.*

« Jésus, Marie, Joseph, je vous donne mon cœur, mon esprit et ma vie.

« Jésus, Marie, Joseph, assistez-moi dans ma dernière agonie ;

« Jésus, Marie, Joseph, que je meure paisiblement en votre sainte compagnie !

« Se rappeler le bonheur de S. Jean, qui reposa sur le Cœur de Jésus : *In manus tuas, Domine, commendo spiritum meum... In pace in idipsum dormiam et requiescam.*

« Lorsque, pendant la nuit, le sommeil est interrompu, rendre grâces à Dieu d'avoir ce moment de plus pour penser à lui...... Acte de charité........ penser aux âmes qui prient pendant la nuit, aux Anges adorateurs, à Jésus dans le Très-Saint Sacrement... Tâcher de se rendormir dans le Seigneur, afin d'être plus dispos à travailler pour sa gloire... Pendant les insomnies et les souffrances, s'unir à Jésus sur la Croix (1). »

Nous ne pouvons mieux terminer ce sujet édifiant qu'en rapportant ici le jugement d'une de nos chères Sœurs, qui a eu l'avantage de connaître et d'examiner de près, pendant bien des années, M. Aladel, dont la direction et les exemples lui ont été d'ailleurs si profitables. Les souvenirs de sa reconnaissance ont réussi à tracer en raccourci le portrait fidèle d'un Père justement aimé et admiré. « Les vertus du saint accompagnaient toutes celles du Missionnaire; je crois que peu d'âmes, même parmi les plus parfaites, quittent cette terre de péché, aussi nettes de la poussière de ce monde, aussi séparées et détachées d'elles-mêmes et de tout ce qui n'est pas Dieu et sa gloire, aussi purifiées par la souffrance, aussi chargées de mérites, aussi accompagnées, de-

(1) *Recueil de piété.*

vancées et suivies d'âmes conquises à Notre-Seigneur par le dévouement et les sacrifices d'une charité sans mesure. J'ai tant admiré, tant vénéré, tant étudié ce bon Père, et j'ai pu le voir de si près, en une multitude de circonstances, que je ne saurais me lasser de redire ses vertus, et que je puis affirmer qu'aucun éloge ne dépassera point ce qu'il mérite. A chacune de ses vertus conviendrait un chapitre particulier, et chaque chapitre pourrait offrir d'excellents détails. Les cinq vertus du Missionnaire, par exemple, brillaient en lui avec un éclat et une solidité réellement remarquables. Quand je me rappelle son humilité et sa modestie, j'en suis encore toute embaumée ; la pensée de sa mortification universelle m'anéantit et me confond il ne connaissait d'autre satisfaction que celle de les immoler toutes et toujours ; il ne savait avoir un corps que pour l'oublier ou le sacrifier sans aucune espèce de ménagement ; c'était un *mort vivant* ; aussi s'est-il tenu debout jusqu'à l'agonie, et en tombant, exténué de souffrances, on peut dire qu'il n'avait plus qu'à remettre sa belle âme, toute purifiée, dans les mains du Père des miséricordes. »

LA MORT

DE

MONSIEUR JEAN-MARIE ALADEL

Prêtre de la Congrégation de la Mission.

MORT

DE

MONSIEUR JEAN-MARIE ALADEL

La mort n'a point surpris le fidèle et vigilant Missionnaire. L'on peut dire que toute sa vie a été une longue et héroïque préparation à ce moment suprême. Il y pensait chaque jour, et il ne se livra jamais au repos de la nuit, sans s'être préparé d'abord à paraître devant Dieu, dans le cas où il l'appellerait à son redoutable tribunal.

La retraite était à ses yeux la meilleure préparation ; aussi l'a-t-il toujours faite avec esprit de foi et de piété, et considérée comme une disposition à la fois éloignée et prochaine au passage du temps à l'éternité.

La nouvelle du coup inattendu qui l'avait emporté en quelques heures put d'abord mêler à nos sentiments d'affliction le regret que le temps de se reconnaître et de profiter une dernière fois de la grâce des sacrements de Pénitence et d'Eucharistie ne lui eût pas été accordé; mais, outre l'assurance que devaient inspirer sa vigilance et sa ferveur habituelles, nous eûmes la consolation d'apprendre qu'il s'était confessé, l'avant-veille de sa mort! Puis la belle et touchante *Préparation à la mort*, retrouvée dans son *Recueil spirituel* et dont il faisait un pieux et mensuel usage, prouve assez qu'il n'a point été pris au dépourvu. Nous transcrivons textuellement ces réflexions et ces conseils, qui peuvent être salutaires à d'autres, en les portant à l'imiter.

Exercice de préparation à la mort (1):

« De tous les temps de la vie, il n'en est aucun plus important que celui de la mort : c'est le moment décisif de notre sort éternel; c'est celui où le démon fait plus de tentatives contre notre salut; c'est aussi celui où le Seigneur a de plus grands desseins de miséricorde sur ses élus. C'est un moment où l'on peut réparer tout le passé, et qui est irréparable lui-même, parce qu'on ne meurt qu'une fois. Il nous importe donc beaucoup de nous y

---

(1) Beatus qui horam mortis suæ semper ante oculos habet, et ad moriendum quotidie se disponit. *Imit.* cap. XXIII, n° 2.

préparer, non-seulement par une vigilance attentive à conformer notre conduite à la vie de Jésus-Christ, modèle de tous les élus, mais encore, comme s'exprime un pieux auteur, en mourant de temps en temps pendant la vie, c'est-à-dire en accomplissant tous les devoirs d'un malade et d'un agonisant.

« L'Homme-Dieu, qui nous a appris à bien vivre, nous a aussi laissé le modèle d'une sainte mort, et l'exemple de toutes les vertus que nous devons pratiquer alors. C'est à l'école de Jésus, souffrant et mourant, que nous devons apprendre cette grande leçon, et faire cet exercice en union avec lui : par cette union, notre âme est associée aux sentiments divins de l'âme de Jésus-Christ et aux vertus héroïques qu'il a pratiquées dans sa passion et à sa mort. Et lors même que, par la maladie ou une *mort subite*, nous deviendrions incapables, dans nos derniers moments, d'entrer en ces dispositions, elles nous seraient appliquées en supplément de notre impuissance, surtout quand nous y sommes entrés pendant la vie.

« Heureux donc et mille fois heureux ceux qui sauront faire cet exercice avec esprit de foi ! En voici la pratique :

I

« Prévoir le jour de cet exercice, s'y préparer par une confession, faite dans les mêmes dispositions que si c'était la dernière de sa vie. Considérer la douleur dont le Sacré-Cœur de Jésus fut rempli au Jardin des Oliviers pour nos péchés, la demander et s'y unir en supplément de la faiblesse de notre contrition.

II

« Dès la veille, s'en occuper, particulièrement le soir. Aller prendre le repos dans la pensée que le lendemain sera le dernier jour de notre vie; prononcer les saints noms *de Jésus, Joseph et Marie* (1), afin de leur recommander l'heure de notre mort.

III

« Au réveil, adorer et remercier Dieu de ce qu'il nous donne ce jour pour nous préparer à

---

(1) Nous conservons ici l'ordre établi dans le décret de Pie VII, accordant 300 jours d'indulgences à quiconque récite cette prière jaculatoire, laquelle fait allusion à la mort bienheureuse de S. Joseph entre Jésus et Marie.

bien mourir, former le signe de la Croix, se préparer à l'oraison, dont voici le sujet : Étant à genoux, figurons-nous que notre Ange-Gardien, venu de la part de Dieu, nous annonce que notre heure dernière approche : *Dispone domui tuæ* (1)... *Ecce judex ante januam assistit* (2)... *redde rationem villicationis tuæ* (3)... Méditer quelques instants chacune de ces paroles..... Dans quel état me trouvé-je? puis-je paraître devant mon Juge avec confiance? Retour sérieux sur soi-même pour voir ce qui pourrait déplaire à Dieu... Vrai sentiment de douleur et de ferme propos... Ensuite offrir le sacrifice de sa vie et produire un acte d'acceptation de la mort : Seigneur, vous n'avez point fait la mort, elle n'est entrée dans le monde qu'en punition du péché... Voici donc votre fils coupable, enfant d'Adam, pécheur et mortel; je viens humblement subir l'exécution de votre juste sentence... J'adore votre suradorable et souverain domaine, j'accepte de tout mon cœur la mort en punition de mes iniquités : que je meure, ô mon Dieu, que je meure dans le lieu, dans le temps et de la manière qu'il vous plaira, pourvu

(1) *Isaïe*, XXXVIII, 1.
(2) *Jac.*, V, 9.
(3) *Luc*, XVI, 2.

que je meure dans votre grâce!.. que je meure, que je sois privé de l'usage de mes sens, puisque je m'en suis servi pour vous offenser!.... Que mon corps soit jeté dans la terre, foulé aux pieds des passants et caché dans l'obscurité du tombeau, en punition de ses vanités! Qu'il soit livré aux vers et à la pourriture en punition de ses déréglements! Que je sois enseveli dans le plus profond oubli des créatures pour en avoir tant recherché l'estime et oublié si longtemps mon Dieu!.. Mais que mon âme, Seigneur, faite à votre image et pour vous posséder, rachetée par le sang précieux de votre divin Fils, que mon âme purifiée et sanctifiée, retourne dans votre sein! J'accepte la mort, *elle m'est un gain*; je commence à comprendre cette parole de l'Apôtre : *Mori lucrum* (1). Je sens, je vois la merveille de votre miséricorde : la mort n'est plus la mort, depuis que votre Fils l'a soufferte pour l'amour de nous... O mort, Jésus-Christ t'a vaincue sur le Calvaire; par sa Croix il a désarmé Satan, détruit son empire, arraché, effacé la sentence de notre condamnation!... O mort, Jésus-Christ t'a donné une vertu: tu seras mon passage au séjour de la gloire et du bon-

---

(1) *Phil.* I, 21.

heur... O mon Dieu, je m'unis à votre adorable Fils, et en union avec sa sainte âme, je vous le dis : *Que votre volonté s'accomplisse en moi!* Je prends à deux mains le calice de souffrances qu'il vous plaira de m'envoyer : *Pater mi, si non potest hic calix transire, nisi bibam illum, fiat voluntas tua* (1)! je me soumets à tout... que ne puis-je mourir martyr de la foi ou de la charité!...

IV

« Célébrer le divin sacrifice de la messe pour demander une sainte mort en union avec Jésus-Christ, immolé pour nous; communier comme pour la dernière fois et en viatique, en *prenant le pain céleste* avec lequel on ne meurt que pour revivre, ou plutôt pour commencer la véritable vie. Dans l'action de grâces, s'approprier le cantique du vieillard Siméon : *Nunc dimittis servum tuum, Domine!*

V

« Dans un autre moment, se représenter

___
(1) *Matth.* xxvi, 42.

comme étendu sur son lit de mort pour recevoir l'Extrême-Onction. Église de Jésus, oignez votre athlète de votre huile sainte. Je crois à la promesse du Saint-Esprit, écrite par l'apôtre S. Jacques. Effacez, Seigneur, effacez tous mes péchés et fortifiez-moi contre le démon. O mon Dieu, je vous offre tout ce que mon Sauveur a souffert dans toute sa passion. Prendre la croix, l'appliquer sur chacun des sens où se font les onctions et dire : *Par cette pieuse application de la Croix et par la grande miséricorde de Dieu, qu'il daigne me pardonner toutes les offenses commises par chacun de mes sens, par les yeux,* etc... *Purifiez-moi entièrement, ô mon Dieu, afin qu'uni à Jésus, je vous sois présenté comme une oblation sainte et digne de vous!*

VI

« Se supposer abandonné des médecins et menacé d'une agonie prochaine. Acte d'adoration par le *Gloria Patri*...... *Acte de foi :* O mon Dieu, je crois tout ce que croit et enseigne la sainte Église catholique, apostolique et romaine, parce que vous le lui avez révélé, ô vérité infaillible, et je suis prêt avec votre grâce, à donner jusqu'à la dernière goutte de mon sang pour confirmer cette divine foi : *Credo, Domine; adjuva incredulitatem meam... adauge mihi fidem.*

Acte de confiance : O mon Dieu, j'ai péché, beaucoup péché ; je ne suis plus digne d'être appelé votre enfant ; mais je sais aussi que vous ne *rejetterez point un cœur contrit et humilié ; que nul de ceux qui espèrent en vous ne sera confondu ;* car vous ne voulez pas que le pécheur périsse ; non, Seigneur, vous ne me perdrez pas, après avoir *sacrifié votre Fils unique* pour me chercher dans mes égarements... O mon âme, déteste le péché et ne te trouble de rien : *Quare tristis es, anima mea, et quare conturbas me? Spera in Deo;* espère dans la miséricorde de ton Dieu et dans les mérites de ton Sauveur... Mon âme, tu n'as rien à craindre que de ne pas espérer assez... Uni à Jésus-Christ, couvert de son sang, comme d'une robe de pourpre, je m'approche de Dieu avec une confiance toute filiale, et je suis assuré de trouver grâce devant lui, parce qu'il est la bonté infinie, et souverainement fidèle dans ses promesses.

Acte d'amour : Quand vous verrai-je face à face, ô mon Dieu, ô mon unique Bien !... Tout est passé, tout s'en va autour de moi, comme une fumée; mais je vais à mon Dieu et à mon tout... Quand vous verrai-je, ô ineffable Trinité?. je me réjouis de la plénitude de votre être et de vos perfections... O mon Dieu! je vous aime à cause de votre amabilité infinie; je vous aime par les mérites de mon Jésus; plus que moi-même, plus que toutes les choses du monde; je consens à me séparer de tout par la mort, même de ce qui m'est le plus cher, pour vous posséder éternellement... O mon Dieu! je vous aime et je vous aimerai toujours : *Diligam te, Domine, fortitudo mea.*

VII

Supposer ici que l'agonie commence et que le prêtre va dire les prières pour les agonisants... O Jésus! en union et hommage de vos extrêmes langueurs sur la Croix, je vous consacre ma dernière agonie et les douleurs de ma mort; faites, mon doux Jésus, que l'âme de votre serviteur, toute baignée de votre sang divin, reçoive l'application de tous vos mérites!... O Jésus, qu'est tout le reste à quiconque vous a trouvé? O Jésus, quelle vertu vous avez cachée en votre Croix!!... J'embrasse cette Croix sainte, je m'y *attache* pour jamais avec *vous* et par la Croix je n'aspire plus qu'à la vie immortelle. Mon bon Ange, à qui Dieu a confié le soin de mon âme, ne m'abandonnez pas, éclairez-moi, protégez-moi, conduisez-moi... S. Jean, le disciple bien-aimé qui m'avez été donné pour patron, Saint-Vincent-de-Paul, qui m'avez pris pour votre Enfant, priez, priez pour moi, maintenant et à l'heure de ma mort... Grand S. Joseph, qui eûtes le bonheur de mourir entre les bras de Jésus et de Marie, obtenez-moi de mourir dans leur amour... O Marie, le plus digne sanctuaire de la Très-Sainte Trinité, Reine des Anges, modèle des prêtres, échelle de tous les Saints, asile et refuge assuré de tous les pécheurs, ô ma Mère! regardez votre enfant; soyez mon appui et ma défense, intercédez pour moi, daignez parler pour moi, *surtout quand je ne pourrai plus parler moi-même!...* O Marie, Mère de grâce et de miséricorde, demandez grâce et miséricorde pour une pauvre âme qui a tant coûté à votre divin Fils, qui vous a coûté à vous-même tant de douleurs, d'intercessions et de soins!.. Je remets dans le sein de votre maternelle tendresse mon corps avec tous ses sens, mon esprit avec toutes ses pensées, mon cœur avec tous ses désirs et toutes ses affections, mes paroles, mes actions, ma vie, ma mort, mon éternité. Ah! faites qu'en mourant sous votre protection, je meure saintement!... Alors veuillez me présenter vous-même à Jésus, et me faire sentir, malgré mon indignité, les effets de votre toute-puissante médiation. Dès que vous voudrez, ô Marie! vous intéresser pour moi, et dire seulement une parole en ma faveur à votre cher Fils, je me tiendrai comme assuré de mon salut et de mon bonheur. Peut-on périr quand on a pour avocate la Mère du Sauveur? Peut-on ne pas trouver le Cœur de Jésus, quand on est dans le Cœur de Marie ! *O Mère du bel amour*, ô ma Mère, je me plonge dans votre saint et Immaculé-Cœur, je n'en sortirai point que vous ne m'ayez introduit dans celui de Jésus, que vous ne m'ayez introduit dans les tabernacles éternels de son amour!

VIII

« Prononcer les dernières paroles de Jésus-Christ sur la Croix : elles portent esprit et vie pour nous aider à sanctifier nos derniers moments. Mais s'efforcer d'animer le cœur des mêmes sentiments qu'avait Jésus en les prononçant, se les appliquer et se les approprier... Supposer son corps comme crucifié par l'effort de la maladie.

« *Pater, dimitte illis...* O mon Dieu, Jésus vous demande grâce et miséricorde pour ses ennemis et ses bourreaux : hélas! j'ai eu tant de fois le malheur de l'être, moi-même, par mes péchés! Exaucez votre Fils et pardonnez-moi, comme je pardonne de bon cœur à tout le monde : *Pater, dimitte illis... Hodie mecum eris in paradiso.* O Jésus, qui avez promis le Ciel à la pénitence de ce pécheur mourant, ah! souvenez-vous de moi à l'heure de ma mort et dites-moi comme à lui : *Hodie mecum...*

« *Ecce Mater tua.* — O Jésus, qui avez recommandé votre Mère à votre disciple bien-aimé, en la lui donnant pour Mère, ainsi qu'à nous; mettez-moi spécialement sous sa maternelle protection, et donnez-moi un vrai cœur filial pour l'aimer et l'honorer dignement. En union avec Jésus, ô Marie, ô ma Mère! je vous recommande tout ce qui m'est cher sur la terre : tels et telles... Voilà vos enfants... soyez leu Mère... Conduisez-nous tous au Ciel.

« *Deus meus, Deus meus,* etc... O mon Dieu, qui avez abandonné sur la Croix votre Fils unique, objet de vos éternelles complaisances, pour ramener les âmes égarées, ah! ne m'abandonnez pas dans mes derniers moments!

« *Sitio*. O mon Dieu, que de sensualités dans tout le cours de ma vie, que de lâchetés, que d'indifférence pour votre gloire!... Que ne puis-je réparer tout cela par la soif brûlante de Jésus sur la Croix! O Jésus! étanchez, étanchez votre soif de mon salut.

« *Consummatum est*. O mon Dieu! le pèlerinage de ma vie touche à sa fin... Je m'unis de plus en plus à Jésus-Christ ; j'entre pleinement dans les intentions de son esprit et les sentiments de son cœur, et, en union avec ce grand et divin Sacrificateur, je consomme mon sacrifice. O mon Dieu, que de mon sacrifice et de celui de Jésus, il ne se fasse qu'une seule oblation! *Amen... consummatum est*.

« Au moment du coucher, dire trois fois l'invocation à *Jésus, Marie, Joseph*, etc... Baiser la Croix et l'appliquer sur son cœur...

« Mon âme, nous allons entrer dans l'éternité; commençons l'*amen* éternel; entonnons l'*alleluia* éternel, qui fait les délices des Anges et des Saints... Je vais rendre le dernier soupir... O mon Dieu, ô mon Père! avec Jésus, je remets mon âme entre vos mains, animé d'une confiance d'autant plus filiale, que cette âme est toute couverte de son sang, toute cachée dans le tabernacle de son Sacré-Cœur, objet de vos éternelles complaisances: *Pater, in manus tuas commendo spiritum meum!*

« Au réveil, se supposer cité au tribunal de Dieu... Examen consciencieux et approfondi... Puis se supposer renvoyé sur la terre pour quelque temps encore. Voir comment on voudrait avoir vécu... Résolution (1). »

M. Aladel se trouvait donc parfaitement disposé à comparaître devant le souverain Juge. Accoutumé que l'on était, depuis quelque temps, à le voir se traîner, languir, souffrir, se traîner encore, mourir et revivre chaque jour, pour mourir de nouveau et reprendre de nouvelles forces, on ne pouvait le croire si près du terme, alors qu'il touchait réellement à la fin de sa carrière. Bientôt les forces physiques ne purent plus répondre à son énergie morale ; son vigoureux tempérament, dont il avait abusé, ne put résister à la violence du mal. « Jusqu'au dernier moment, disent les Sœurs de la Charité, nous vîmes ce vénéré Père nous donner tout ce qui lui restait de vie; » et l'une d'elles décrit ainsi les circonstances de son avant-dernier jour:

(1) *Recueil de piété*.

« Le dimanche 23 avril, il monta pour la dernière fois en chaire, et nous laissa ses derniers avis et l'expression de ses derniers désirs. Son texte semblait nous dire que nous touchions à l'heure du sacrifice : « Souvenez-vous de ceux « qui vous ont été préposés pour vous annon- « cer la parole de Dieu... » Il nous entretint de l'Esprit de foi de Saint-Vincent et de la nécessité de nous rendre conformes à ce parfait modèle, pour obtenir la fin de notre sainte Vocation, proposant comme moyens principaux de raviver l'Esprit de foi dans nos âmes, la confiance filiale en la Très-Sainte Vierge, notre *vraie* et *unique* Mère, et l'union pratique à Notre-Seigneur Jésus-Christ et à Saint-Vincent; voilà bien le résumé de toutes ses pieuses exhortations. Il termina en nous mettant sous la protection de Marie-Immaculée, et nous reçûmes sa dernière bénédiction. A la fin, la voix de notre Père s'éteignit et à peine pûmes-nous recueillir ses derniers mots; tout ce qui nous en est resté, c'est qu'il éleva nos espérances jusqu'au Ciel où il nous montra la place glorieuse qui nous attendait près de Saint-Vincent. »

Le lendemain, veille de sa mort, il se rendit, comme à l'ordinaire, à la Maison-Mère de la Communauté, où il vaqua à ses occupations habituelles, donnant aux jeunes Sœurs les exhortations et les conseils qu'elles ne devaient plus recueillir de sa bouche. Vers le soir, arriva la nouvelle inattendue de la maladie du très-honoré Père, M. Étienne, allant à Dax pour y célébrer l'anniversaire de la bénédiction du monument de Saint-Vincent. Ce coup terrible bouleversa M. Aladel et fit sur lui une impression extraordinaire. Aussitôt il mit les deux Communautés en prières. Quelques paroles qui lui échappèrent alors, son entretien avec la Mère-Générale et d'autres circonstances donnent tout lieu de supposer qu'il offrit à Dieu, sur l'autel de son cœur, le sacrifice de sa vie pour le rétablissement et la conservation de son bien-aimé Supérieur. Que sa dernière nuit dut être longue et pénible! Surpris dans sa chambre solitaire par la crise foudroyante qui l'a emporté, il dut réagir contre elle de toute son énergie pour se lever, le mardi matin, à quatre heures, selon la sainte et salutaire habitude qu'il avait contractée et à laquelle il demeura toujours fidèle. Ce jour-là, ses Confrères s'étonnèrent de son absence à l'oraison. La Sœur chargée de la sacristie de la Communauté, où il allait invariablement dire la première messe, connaissait son exactitude, et elle s'inquiéta de le trouver pour la première fois en retard. Aussi courut-elle à Saint-Lazare prendre des informations; alors l'on monta dans sa chambre. O douloureux spectacle! On le vit étendu sur le parquet sans connaissance et la face contre terre : une attaque d'apoplexie l'avait renversé... Il n'avait pas achevé de boutonner sa soutane... Son bréviaire entr'ouvert à la page des *Litanies des Saints,* gisait par terre, à côté de lui. C'était la fête de S. Marc, Évangéliste, et il se disposait sans doute à les réciter. Il a donc été frappé debout, les armes de la prière à la main, sur le point d'aller célébrer la sainte messe, et de commencer son noble labeur quotidien de la charité, qu'il n'avait jamais interrompu jusqu'à ce que la nature fût épuisée et vaincue.

Cette terrible nouvelle se répandit avec la rapidité de l'éclair parmi les Missionnaires et chez les Sœurs. On accourut de toutes parts pour lui porter secours et s'informer de son état. Le médecin, étant arrivé, lui fit une forte saignée au bras, d'où jaillit en abondance un sang pur et vermeil. M. le Préfet d'église s'était empressé de lui donner l'absolution; après l'avoir réitérée, il disposa tout pour lui administrer l'Extrême-Onction. Pendant cette triste et touchante cérémonie, d'humbles et ferventes prières montèrent vers Dieu en faveur de ce cher Confrère agonisant. Mais il était mûr pour le Ciel, et l'heure de la récompense ne devait pas être longtemps différée. Le 25 avril 1865, anniversaire de la Translation des Reliques de Saint-Vincent, vers trois heures du soir, il rendit sa belle âme à Dieu et s'endormit doucement dans la paix éternelle, pendant qu'on répétait autour de lui les doux et saints noms de Jésus, Joseph et Marie.

Le surlendemain, jeudi, fut célébré solennellement au milieu d'un concours immense, le service funèbre pour le repos de son âme. L'officiant était M. Eugène Vicart, celui-là même qui devait si dignement lui succéder en qualité de Directeur des Sœurs et d'Admoniteur du Supérieur-Général. Espérons que la Sainte-Vierge a obtenu, dans ce moment décisif, des grâces particulières pour son grand serviteur, grâces qui auront hâté et assuré la claire vue et la possession de son divin Fils. Oui, son âme virginale, unie à Dieu, doit en contempler aujourd'hui avec ravissement la beauté et les infinies perfections; oui, dans la cité de l'éternelle paix, il doit intercéder pour ceux qui le regrettent et le pleurent; oui, son intercession unie à celle de Marie et de Saint-Vincent, doit s'épandre en bénédictions sur tous ceux qu'il a tant aimés sur la terre et qu'il aime encore plus dans le céleste séjour; il doit y confondre dans un même amour son vénéré Supérieur, M. Étienne, tous les membres de la Famille apostolique dont il a été l'ornement, puis l'autre Famille non moins chère des Filles de la Charité, et l'innombrable essaim des Enfants de Marie, éclos pour ainsi dire sous ses ailes et multiplié par ses tendres soins. Que la Vierge-Immaculée daigne exaucer ses prières et combler toujours de ses bénédictions cette double Famille, en assurant sa prospérité et son bonheur par le renouvellement de chacun de ses membres dans la sincérité et la perfection de l'Esprit-primitif!

La lettre suivante, par laquelle M. Étienne, Supérieur-Général de la Congrégation de la Mission et des Filles de la Charité, annonça à celles-ci le décès de M. Aladel, est un éloge qui résume et confirme tout ce que nous avons pu dire de ses vertus. Ce témoignage est comme le sceau de l'autorité imprimé à notre propre travail, et le commentaire en sera l'allocution prononcée le jour du service solennel célébré dans la chapelle de la Maison-Mère des Sœurs.

Aussi avons-nous jugé à propos de la reproduire à la suite de la Lettre Circulaire :

Paris, le 6 mai 1865.

« Mes Très-Chères Sœurs,

La grâce de Notre-Seigneur soit avec vous pour jamais.

Vous savez déjà la grande douleur qui vient d'affliger mon cœur, par la perte du vénérable M. Aladel, Directeur de votre Compagnie. Cette perte, qui nous est commune, est pour moi la plus douloureuse de toutes les épreuves. Elle brise les liens les plus chers, et m'enlève toutes les consolations qu'une amitié de quarante années, toujours fidèle, toujours dévouée, me rendait si douce. Elle ôte aussi à notre Congrégation un de ses membres les plus dignes, un des gardiens les plus vigilants de son esprit et de ses traditions, et un des modèles les plus parfaits de la régularité et des vertus de Saint-Vincent. Elle ôte enfin à votre Compagnie un Directeur aussi éclairé que rempli de dévouement. Pendant les dix-neuf années qu'il a occupé ce poste important, il s'est constamment montré digne de votre respect, autant que de votre confiance. Il a été pour moi ce que fut M. Portail pour Saint-Vincent. Si celui-ci prit une large part dans le travail de la fondation de votre Compagnie par notre Bienheureux Père, M. Aladel ne me fournit pas un moindre concours dans la grande œuvre de sa restauration et de son retour à l'Esprit-primitif; je ne puis m'empêcher de vous le dire. Doué d'une constitution robuste, n'ayant été atteint par aucune maladie, je me persuadais qu'il pourrait fournir une longue carrière, et nous conserver longtemps ses précieux services. Mais il a été martyr de son devoir et de son dévouement : et en se refusant tout repos et tout ménagement, il a rompu à soixante-cinq ans le cours d'une existence, qui promettait de le conduire à une extrême vieillesse.

« Notre consolation, mes chères Filles, c'est qu'il était mûr pour le Ciel. Il est allé recevoir la récompense qui devait couronner ses vertus et ses services. Il sera, je n'en doute pas, auprès de Dieu, pour moi, un ami puissant et le soutien de ma faiblesse, et pour vous, un protecteur qui vous obtiendra de nouvelles grâces et d'abondantes bénédictions.

« Je suis affectueusement en l'amour de Notre-Seigneur, mes Très-Chères Sœurs,

« Votre très-humble et dévoué serviteur,

« ÉTIENNE, Sup. Gén. »

Allocution prononcée par notre très-honoré Père, M. Étienne, au service funèbre célébré dans la chapelle de la Maison-Mère des Filles de la Charité, pour le repos de l'âme de notre Père Directeur, M. Aladel.

3 mai 1865.

« Tous nos cœurs sont émus, mes chères Filles ; je sens par ce que j'éprouve moi-même tout ce qui se passe dans les vôtres.... Une tombe vient de s'ouvrir devant nous ; nous venons d'y voir descendre celui qui est l'objet de tous nos regrets et qui mérite tous nos souvenirs. Vous l'avez perdu, ce bon M. Aladel, votre Directeur, votre Père, et j'ai perdu moi-même mon vieil ami, mon compagnon fidèle. Depuis quarante-quatre ans, nous ne nous sommes point quittés, nous avons travaillé constamment à la reconstruction du nouvel édifice de la Compagnie sortant des cendres de la Révolution.

« Pendant ce long parcours, nous avons eu de beaux moments, mais nous avons eu aussi nos jours mauvais. Or, quel qu'ait été notre horizon, M. Aladel est demeuré toujours l'ami constant et fidèle qui ne varie jamais. Son cœur était collé à mon cœur, son âme à mon âme, comme celle de Jonathas à celle de David, et il m'a quitté pour monter au Ciel..... Ah! ses jours étaient pleins!..... Ce saint Missionnaire, l'une des colonnes de l'édifice de Saint-Vincent, avait rempli sa sublime tâche... Il l'avait remplie par ses incessants travaux... Il l'a remplie surtout par ses bons exemples... Le parfum de ses vertus a embaumé la grande Famille, partout et jusqu'aux extrémités de l'univers, où toutes les voix s'accordent à dire qu'il est un saint.

« Oui, mes chères Filles, c'était un saint, comme l'entendait Saint-Vincent. Nous l'avons vu pratiquer constamment au milieu de nous les cinq vertus qui, selon notre glorieux Fondateur, caractérisent le vrai Missionnaire. Ces vertus sont : l'humilité, la simplicité, la mortification, la douceur et le zèle du salut des âmes. Or, je puis le dire, il a excellé en toutes; elles brillaient toutes dans son âme et rejaillissaient en sa personne et en sa conduite d'une manière bien frappante.

« 1° L'humilité. Ah! mes chères Filles, qu'il était profondément humble votre saint Directeur! l'humilité enveloppait sa vie tout entière, comme celle de Saint-Vincent. Il n'avait qu'un soin : s'effacer toujours, disparaître, se cacher en Dieu. Il occupait les premiers postes de la Congrégation, possédait la confiance universelle, avait la mienne tout entière ; j'avais en lui un second M. Portail ; on aimait à lui donner ce nom, qui exprimait bien du reste son dévouement pour moi, aussi bien que mes sentiments pour lui. Je lui avais donné tous mes pouvoirs sans aucune restriction, et, loin de se prévaloir de ces titres, de son influence et de sa position, il se tenait si humble, si dépendant, si défiant de lui-même, qu'il ne pouvait se résoudre à prendre de décisions sans mon avis ; sa passion dominante, si je puis m'exprimer ainsi, était *le culte de l'autorité*. Malgré l'intimité qui nous avait unis dès notre entrée dans la Congrégation, malgré les relations journalières d'égal à égal que nous avions eues toujours ensemble, dès le moment où il plut à Dieu de m'imposer la charge de Supérieur de la Compagnie, tout dans les rapports de ce vénéré Confrère, s'imprégnait de l'Esprit de foi, de soumission et d'égards qu'inspirent le plus religieux respect et la plus parfaite déférence.

« 2° Sa simplicité. Ce vrai fils de Saint-Vincent ne connaissait que la droiture ; tout en lui tendait à Dieu, et, je puis le dire, moi qui l'ai vu de près, pendant si longtemps, je n'ai jamais pu découvrir en lui le moindre détour, la plus petite dissimulation, l'ombre d'une recherche, quelle qu'elle soit : il visait en haut, et allait droit au but qu'il a atteint.

« 3° Pour sa douceur, mes chères Filles, vous pouvez en parler aussi bien et mieux que moi. Vous savez que la charité de Notre-Seigneur inspirait toutes ses relations avec vous, qu'elle lui communiquait sa bonté paternelle, sa touchante compassion pour vos misères, sa persuasion entraînante, sa puissance pour gagner vos âmes à Notre-Seigneur par Marie-Immaculée. Avant même qu'il fût votre Directeur, et pendant les dix-neuf années de sa charge, vous l'avez vu à l'œuvre sans que sa charité se soit démentie, et chaque circonstance où il a fallu aider, soutenir, éclairer, et former vos âmes, l'a trouvé prêt à exercer à votre égard, cette mansuétude selon Dieu, et cette miséricorde qui l'accompagne.

« 4° Sa mortification était connue, et s'il l'a poussée peut-être au delà des bornes; c'est qu'il ne se croyait jamais assez crucifié avec Jésus-Christ. Vous savez, mes Filles, ou plutôt Dieu seul sait comment il avait réduit son corps en servitude, comment il le traitait et le sacrifiait sans relâche, lui refusant toute douceur, tout soulagement, tout repos. Vous l'avez vu pendant dix-neuf années, alors qu'écrasé de souffrances il ne pouvait se soutenir, venir chaque jour, au plus fort de l'hiver comme dans tout autre temps, offrir le Saint-Sacrifice à la première heure et ne céder à personne le soin de vous distribuer le Pain des Anges. Il avait oublié et méprisé son corps au point de ne jamais consulter un médecin dans ses maux, de ne jamais accepter même les plus simples adoucissements; il a été si cruel envers lui-même, mes chères Filles, que nous pouvons le dire ici : *La mortification l'a tué.*

« 5° Quant à son zèle pour le salut des âmes, qui peut nous le décrire? Son cœur de Missionnaire en était rempli, et ce zèle se révélait constamment et de toutes manières. Dans ses Missions, il enlevait les âmes; après trente-huit années écoulées depuis cette époque, on conserve encore le souvenir des fruits de grâces qui accompagnaient son fervent ministère. Sa parole pénétrait, sa prière obtenait, sa pénitence opérait des prodiges de conversion... Ici, mes chères Filles, tout vous parle de sa sainte ardeur, tout vous rappelle ce qu'il a fait, ce qu'il a établi dans cette Maison-Mère pour enrichir et réchauffer vos âmes. C'est lui qui a été, dans ce lieu même, le confident de la Très-Sainte-Vierge, lui qui vous a fait connaître son amour de prédilection pour votre Compagnie etc... Et l'Association de ses Enfants privilégiés! c'est encore lui qui a donné cet élan qui va toujours croissant davantage et qui vous amène des milliers de jeunes cœurs de toutes les parties du monde... C'est lui qui a répandu de toutes parts, dans vos Maisons, dans les lieux où vous résidez, les flammes du saint amour de Marie... Le zèle dévorait l'âme de ce saint Missionnaire; il en était consumé. (Ici l'émotion gagnant M. notre très-honoré Père, il dut s'arrêter quelques instants. Et il conclut enfin :)

« O bon M. Aladel, mon digne et fidèle ami! du haut du Ciel, où vos vertus vous ont préparé la magnifique couronne dont vous jouissez aujourd'hui, n'oubliez pas ceux que vous avez aimés sur la terre... Nous vous invoquerons désormais, car vous êtes un saint, et vous nous protégerez d'en haut; nous sentirons les effets de votre amour pour la Compagnie par les grâces que vous nous obtiendrez et que vous ne cesserez de solliciter pour la double Famille qui vous fut si chère; vous veillerez sur elle, sur tous les membres qui la composent, afin que chacun d'eux et tous ensemble concourent à l'accomplissement des desseins du Seigneur ici-bas, et aillent se réunir à vous, à cette Famille du Ciel, dont vous faites maintenant partie et dont vous partagerez désormais les joies et la gloire près de Saint-Vincent. »

FIN.

NOTES ET PIÈCES JUSTIFICATIVES.

Ces notes et pièces justificatives indiquent les sources dans lesquelles nous avons puisé les documents qui ont servi à exposer les actes, les paroles et l'esprit de M. Aladel.

Outre le Coutumier de S. Lazare et celui des Filles de la Charité, dont nous avons déjà fait mention, nous devons signaler d'abord trois livres imprimés :

1° *Notice historique sur l'origine et les effets de la nouvelle Médaille frappée en l'honneur de l'Immaculée-Conception de la très-sainte Vierge, et généralement connue sous le nom de* MÉDAILLE MIRACULEUSE; *suivie d'une neuvaine et autres prières.* Cet ouvrage, entièrement composé par M. Aladel, s'est arrêté en 1842 à sa huitième édition, considérablement augmentée; il montre le commencement, les progrès, les merveilleux effets de la manifestation providentielle de Marie-Immaculée dans la Famille de Saint-Vincent, et les moyens d'honorer dignement la Reine *conçue sans péché.*

2° *Manuel des Enfants de Marie, à l'usage des ouvroirs et des écoles des Filles de la Charité*; composé aussi en grande partie par M. Aladel, et bientôt répandu dans tout l'univers.

3° *Formulaire de prières, etc.*, à l'usage des Filles de la Charité; fait sous la direction de M. Aladel, qui en a écrit lui-même plusieurs articles.

Vient en suite le *Recueil de piété et de prières, des réflexions, sentences et résolutions de M. Aladel. Mss. Arch. de la Miss.* Là se trouvent la *Méthode pour sanctifier la journée*, des pensées, des aspirations et des textes sur les principales vertus, la vie cachée et stable dans les SS. Cœurs de Jésus et de Marie, les résolutions sur l'humilité, diverses *consécrations* et prières; la méditation sur la stabilité dans la Congrégation; l'ordre et les sujets de la Retraite annuelle; l'exercice de la préparation à la mort, lequel a été inséré dans le corps de l'ouvrage avec plusieurs textes et considérations pieuses, écrites sur des feuilles détachées. Nous regrettons seulement qu'il en ait lui-même retranché un certain nombre de feuillets, qui n'étaient pas sans doute les moins édifiants.

Son *Recueil d'instructions sur Notre-Seigneur, la Sainte-Vierge* etc. *Mss. Arch. de la Mission*, nous a pareillement fourni de précieux matériaux.

Enfin nous désignons sous le titre général de *Documents* :

1° *Divers renseignements* envoyés par plusieurs Ecclésiastiques et plusieurs Sœurs de la Charité qui ont connu particulièrement M. Aladel.

2° *Notes* prises en différentes circonstances et dans de fréquents rapports avec M. Aladel, sur ses vertus en général et son Esprit de Saint-Vincent en particulier. *Mss. Arch. de la Miss.* Ces notes ont été rédigées d'après ses réponses, maximes, entretiens, conférences, répétitions d'oraison, explication des Règles, etc.

3° *Correspondance* : diverses lettres, et entre autres une collection de celles qui concernent la conversion de la Sœur russe, racontée au chapitre III.

M. Aladel a encore composé, coordonné et dicté trois manuscrits, qui ont fourni d'excellents renseignements sur sa vie, ses vertus et sa manière d'entendre la Règle selon Saint-Vincent :

1° *Précis substantiel des Règles particulières de tous les Offices de la Congrégation de la Mission, excepté celui du Supérieur-général*. Ce précis est suivi d'un abrégé de tout ce qui regarde la Congrégation de la Mission. *Mss. Archives de la Mission*. C'est un premier travail très-consciencieux et très-important.

2° *Index alphabeticus Regularum*. *Mss. Arch. de la Miss.* Ce deuxième travail condense et complète le précédent.

3° *Compendium alphabeticum res Congregationis Missionis continens, cum indice litteram cujusque et numerum assignante*. *Mss. Arch. de la Miss.* Ouvrage rédigé avec autant d'exactitude que de sagesse et de piété. Il serait à désirer qu'il reçût bientôt le complément des indications relatives aux Circulaires de notre très-honoré Père, M. Étienne: alors il serait un manuel complet et très-utile au Missionnaire.

TABLE

Avant-propos.   I

VIE DE M. JEAN-MARIE ALADEL.

Chap. I. Sa naissance, sa première éducation, sa vocation à l'état ecclésiastique.   1
Chap. II. Sa vocation apostolique, son entrée et ses premiers emplois dans la Congrégation de la Mission.   12
Chap. III. M. Aladel Assistant de la Congrégation de la Mission.   48
Chap. IV. M. Aladel Directeur des Filles de la Charité et de l'association des Enfants de Marie.   87

VERTUS DE M. JEAN-MARIE ALADEL.

Avant-propos.   109
Chap. I. Son Esprit de foi et de piété.   113
Chap. II. Sa Confiance en Dieu.   126
Chap. III. Sa Charité.   137
Chap. IV. Son Amour de Jésus et de Marie.   155
Chap. V. Son esprit de simplicité et d'humilité.   182
Chap. VI. Son esprit de mortification et de détachement.   209
Chap. VII. Son Zèle et sa prudence.   223
Chap. VIII. Sa pauvreté.   235
Chap. IX. Sa chasteté.   241
Chap. X. Son Obéissance.   247
Chap. XI. Son esprit de régularité et sa sanctification des actions ordinaires.   253

MORT DE M. JEAN-MARIE ALADEL.

Mort de M. Aladel.   269
Notes et pièces justificatives.   299

PARIS. — IMP. JULES LE CLERE ET Cⁱᵉ, RUE CASSETTE, 29.

www.ingramcontent.com/pod-product-compliance
Lightning Source LLC
Chambersburg PA
CBHW071335150426
43191CB00007B/737